GRUNDSCHULE

Walter Koch
Heinz Wagner

Kopfrechnen – Zahlenparty

Differenzierte Aufgaben, Spiele, Materialien

Cornelsen

Die Autoren:
Walter Koch ist Konrektor a. D., Dozent an der Universität Regensburg und Autor mehrerer Fachpublikationen in Englisch und Mathematik.

Heinz Wagner ist Seminarrektor im Schulamtsbezirk Kelheim (Niederbayern), Dozent an der Universität Passau und Autor mehrerer Fachpublikationen in Sport, Englisch und Mathematik.

Bildquellen:
Umschlagfoto: © Shutterstock / Yuliya Evstratenko
Party-Zahlen und Luftballon S. 3–88: Franziska Wittwer, Berlin
Fahne S. 11: Antje Kahl, Berlin
Alle anderen Illustrationen: Liliane Oser, Hamburg

Projektleitung: Franziska Wittwer, Berlin
Redaktion: Marion Clausen, Berlin
Umschlagkonzept/Umschlaggestaltung: Corinna Babylon, Berlin
Layout/technische Umsetzung: fotosatz griesheim GmbH

www.cornelsen.de

1. Auflage 2018

Druck: Athesiadruck GmbH

ISBN 978-3-589-16180-5

PEFC zertifiziert
Dieses Produkt stammt aus nachhaltig bewirtschafteten Wäldern und kontrollierten Quellen.
www.pefc.de

KV = Kopiervorlage

Differenziertes Kopfrechnen für die Klassen 1 bis 4

„Kompetenzerwerb bezieht die sichere Anwendung grundlegender mathematischer Fertigkeiten (z. B. durch sicheres Kopfrechnen) mit ein." (Lehrplan Plus Grundschule Bayern, 2013, S. 104)

Nicht nur in Bayern gehört das Kopfrechnen zum Lehrplan für das Fach Mathematik an Grundschulen, denn damit werden viele mathematische Grundfertigkeiten und wichtige Kompetenzen geübt, von denen hier einige exemplarisch genannt sind:

- Schulung des Zahlgedächtnisses
- Flexibler Umgang mit Zahlen und geometrischen Formen (Kopfgeometrie)
- Vermittlung und Übung basaler Rechenfähigkeit und -fertigkeiten
- Vertiefung der Einsicht in Operationen
- Förderung von Automatismen
- Vorentlastung beim halbschriftlichen und schriftlichen Rechnen bzw. bei komplexeren mathematischen Anforderungen
- Schulung der Konzentrationsfähigkeit und der Aufmerksamkeit

Zudem sind Kopfrechenaufgaben durch die unterschiedlichen Methoden und die aktive Lernhaltung motivierend und tragen zur Freude an der Mathematik bei.

In diesem Heft möchten wir für alle Klassen der Grundschule abwechslungsreiche Aufgabenformate für das mündliche und halbschriftliche Kopfrechnen mit Differenzierungsvorschlägen aufzeigen. Eine optimale Passung des Anforderungsniveaus und die daraus resultierende Durchlässigkeit der Leistungserfolge sind gewährleistet. Die Schülerinnen und Schüler nehmen ihren eigenen Lernzuwachs wahr und werden durch die Vielzahl der Aufgabenangebote sowohl gefordert als auch gefördert.
In jedem Kapitel erfolgt die Progression der Aufgaben von der 1. bis zur 4. Klasse; die Aufgabenformate werden variativ und motivierend aufbereitet bzw. dargestellt.

Alle Kopiervorlagen aus dem Heft finden Sie auch auf der CD-ROM im Word-Format, das Sie leicht für den individuellen Bedarf abwandeln können: zum Warm-up, für Übungsphasen oder diagnostische Lernstandstests. Sie können die Aufgabenstellungen ebenso verändern wie das Zahlenmaterial.

Die Versprachlichung der Lösungen und der Lösungswege (die eindeutige Sprache der Mathematik) stellt für uns die zentrale Funktion der Kopfrechenphase dar. Fachbegriffe werden von der ersten Klasse an konsequent angewandt und überprüft. Kommunikative Aspekte, die in der Partner- oder Gruppenarbeit zum flexiblen Denken, zum sprachlichen Austausch und zum Vergleich von Lösungswegen anregen, werden von uns ebenso angeboten wie die Möglichkeit zur Selbstkontrolle durch die Lernenden.

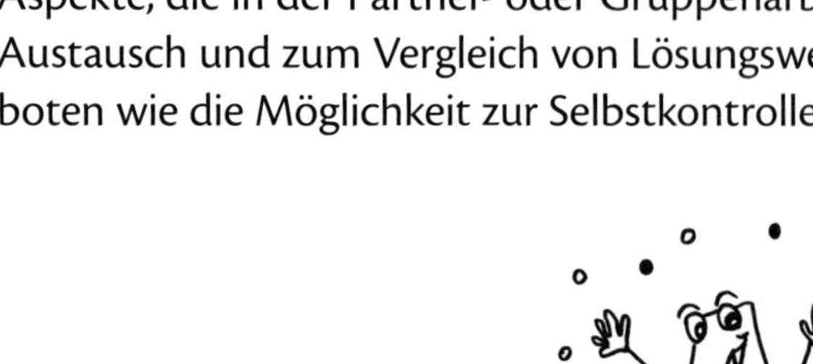

In sogenannten „Guten Aufgaben“, die nicht zwingend eindeutige Lösungen beinhalten, werden der gedankliche Prozess und der Vergleich der Lösungswege bzw. -ergebnisse geübt.

Wir sind uns bewusst, dass wir mit unseren kopfgeometrischen Beispielen nur einen Bruchteil aller möglichen Aufgabenformate abdecken. Da es in der Literatur jedoch bereits eine Vielzahl guter Publikationen zum Thema „Kopfgeometrie“ gibt, haben wir uns für wenige Beispiele (Flächen und kombinatorische Wegstrecken) entschieden.

Wir wünschen Ihnen als Lehrkraft bei der Nutzung unserer Materialien viel Zeitersparnis und Freude bei der Erprobung sowie den Schülerinnen und Schülern den größtmöglichen Lernerfolg!

Walter Koch
Heinz Wagner

Literatur

Krauthausen/Scherer (2008): Einführung in die Mathematikdidaktik, Spektrum Akademischer Verlag Heidelberg

Lehrplan für die bayerische Grundschule (2011). Ministerium für Bildung und Kultus. Verlag J. Maiss, München

Maras R./Ametsbichler, J./Eckert-Kalthoff, B. (2010): Handbuch für die Unterrichtsgestaltung in der Grundschule. Planungshilfe, Strukturmodelle, didaktische und methodische Grundlagen. Auer Verlag GmbH, Donauwörth

Mathematik differenziert (3/2015): Kopfrechnen und Rechentraining

Möller, A.: Kopfrechnen mit Spaß. In: Sache – Wort – Zahl, Nr. 30/2002, S. 54-60

Schmitz, M: Kopfrechnen. In: Grundschulunterricht Mathematik 1/2009, S. 17-19

Schneider-Walczok, M. (2004): Spielerisches Kopfrechnen. In: Grundschulunterricht 12. S. 14-18

Die Mal-Plus-Häuser sind angelehnt an eine Idee der Technischen Universität Dortmund, Projekt PIKAS, Christoph Selter, Institut für Entwicklung und Erforschung des Mathematikunterrichts, Dortmund.

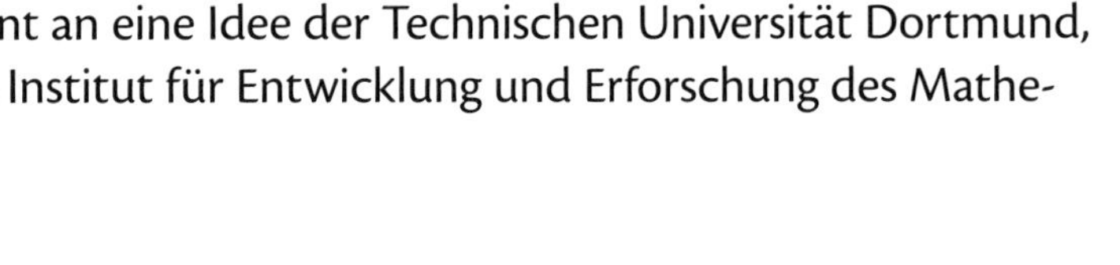

Orientierungshilfe

Kopfrechenformate nach mathematischen Themen

	+	–	·	:	1. Klasse bis 20	2. Klasse bis 100	3. Klasse bis 1000	4. Klasse bis Million	Geo-metrie	Zahldar-stellung
Zielfahnenrechnen	x	x	x	x	x	x	x	x		
Vier-Ecken-Lauf	x	x	x	x	x	x	x	x		
Zahlen-Tabu	x	x	x	x	x	x	x	x		
Einmaleinshüpfen			x			x	x	x		
Countdown		x			x	x	x	x		
Kettenrechnen	x	x	x	x	x	x	x	x		
Zahlenreihen	x	x	x	x	x	x	x	x		
Rechenball	x	x	x	x	x	x	x	x		
Rechenfußball	x	x	x	x	x	x	x	x		
Hausnummern	x	x	x	x	x	x	x	x		
Blitzrechnen	x	x			x	x	x	x		
Päckchen-Aufgaben	x	x	x	x	x	x	x	x		
Zahlen-Klatsch	x	x	x	x	x	x	x	x		
Hunderterfeldspiel	x	x				x				
Kreuzzahlgitter	x	x	x	x	x	x	x	x		
Würfeln	x	x	x		x	x	x	x		
Wer bleibt übrig?	x	x	x	x	x	x	x	x		
Bingo	x	x	x	x	x	x	x	x		
Deckelchenspiel	x	x	x	x	x	x	x	x		
Partnersuche	x	x	x	x	x	x	x	x		
Kopfrechen-Walk	x	x	x	x	x	x	x	x		
Kopfrechen-Dach	x	x	x	x	x	x	x	x		
Kartenpaare finden	x	x	x	x	x	x	x	x		
Domino	x	x	x	x	x	x	x	x		

Kopfrechenformate nach mathematischen Themen

	+	–	·	:	1. Klasse bis 20	2. Klasse bis 100	3. Klasse bis 1000	4. Klasse bis Million	Geo-metrie	Zahldar-stellung
Erfinder-Aufgaben	x	x	x	x	x	x	x	x		
Datums-Mathematik	x	x	x	x		x	x	x		
Mathe-Stadt-Land-Fluss	x	x	x	x			x	x		
Immer 18!	x				x	x				
Ziffernrennen					x	x	x	x		x
Größenwahn					x	x	x	x		x
Zielscheibe	x	x			x	x	x	x		
Ich sehe was, was du nicht siehst					x	x	x	x	x	
Schulhaus-Rätsel					x	x	x	x	x	
Formen zeichnen					x	x	x	x	x	
Teampuzzle					x	x	x	x	x	
Wie viele Dreiecke findest du?						x	x	x	x	
Wie viele Vierecke findest du?						x	x	x	x	
Wie viele Wege füh-ren von A nach B?						x	x	x	x	
Mal-Plus-Häuser	x		x			x	x	x		
Zahlenrätsel in Chatpoints	x	x	x	x	x	x	x	x		

Was ist Kopfrechnen?

Unter dem Begriff „Kopfrechnen" wird im Allgemeinen nicht nur das mündliche Kopfrechnen, sondern auch das gestützte Kopfrechnen verstanden. Auch das Kopfrechnen geschieht unter Ausnutzung von Strategien und Hilfsmitteln.

Mündliches Kopfrechnen:

- Lösung der Aufgabe im Kopf → ohne Notation der Zwischenergebnisse
- → Zwischenschritte werden gedanklich vollzogen
- Rechenwege kaum nachvollziehbar, außer das Kind verbalisiert
- mündliches Kopfrechnen bleibt meist auf die Arbeit mit dreistelligen Zahlen beschränkt
- Abfragen sofort abrufbarer Grundaufgaben (zum Warm-up oder zur täglichen Übung) wird Blitzrechnen genannt

Gestütztes Kopfrechnen/halbschriftliches Kopfrechnen:

Teilschritte, Teilergebnisse oder Endergebnisse werden schriftlich festgehalten.

Wie setzt man das Kopfrechnen im Unterricht ein?

Grundprinzipien des Kopfrechnens:

- *Zielorientierung*: nicht inhaltsleer üben, die Kopfrechenübung muss zum Unterrichtsgegenstand passen und dem Leistungsstand der Kinder angepasst sein
- *Motivierung*: Wechsel der Methoden und der Medien, Erfolgserlebnisse ermöglichen
- *Aktivierung*: Selbsttätigkeit der Schüler fördern
- *Differenzierung*: unterschiedliche Gruppen, Erfolgserlebnisse auch für die Schwachen
- *Leistungssicherung/Leistungskontrolle*: Möglichkeiten der Selbst- und Partnerkontrolle
- *Assoziativität*: unterschiedliche Lösungswege sind möglich
- *Reversibilität*: Umkehroperationen mit einbeziehen
- *Kompositionsfähigkeit*: Anwendung und Verknüpfung verschiedener Operationen

Gestaltungsgrundsätze des Kopfrechnens:

- Regelmäßig durchführen, wenige Methoden eintrainieren und über längere Zeit verwenden
- Zielstrebig und zeitökonomisch durchführen
- Zuerst einfache Aufgaben, dann schwierigere
- Zahlenmaterial klar und deutlich darbieten, klare und knappe Arbeitsanweisung
- Zwei (leistungshomogene) Gruppen bei Differenzierung
- Möglichst schnelle Erfolgsbestätigung
- Lösungshilfen anbieten
- Vermeidung der Überforderung des Kurzzeitgedächtnisses → keine zu komplexen Aufgaben mit mehreren Zwischenergebnissen
- Methoden- und Medienwechsel, ansprechende Gestaltung → Motivation
- Wechsel zwischen mündlicher und halbschriftlicher Form
- Übungen, bei denen auch mal die schwächeren Schüler gelobt werden können und gewinnen, z. B. durch Zufallssiege (Bingo) oder Differenzierung
- Einsatz an verschiedenen Stellen der Unterrichtsstunde → Warm-up, Übungsstationen, Sicherung …

Methodische Grundsätze:

- Die Vorüberlegungen der Lehrkraft berücksichtigen das sprachliche Niveau (Begrifflichkeiten!), die Lerngeschwindigkeit sowie das mathematische Können der Schüler (optimale Passung).
- Die Art der Darbietung sollte motivierend sein, der Schwierigkeitsgrad sich zunehmend steigern (vom Leichten zum Schweren), bekannte Aufgabenformate sich variativ wiederholen (alle Grundrechenarten), das Arbeitstempo sich zunehmend erhöhen.
- Zwischenergebnisse helfen schwächeren Schülern zur Fortsetzung der Kopfrechenleistungen.
- Ergebnisse sollten in einzelne Rechenschritte zerlegt, versprachlicht und reflektiert werden (auf dem jeweiligen sprachlichen Niveau der einzelnen Schüler).
- Analogien können so aufbauend auf Bekanntem angewandt, der Zahlenraum erhöht, Teilschritte sukzessiv zu Komplexaufgaben erweitert werden.
- Das Kopfrechnen sollte in einer druckfreien Arbeitsatmosphäre ohne zwingenden Wettkampfcharakter stattfinden.
- Das tägliche Üben erfolgt zeitökonomisch, zielstrebig und im Hinblick auf den mathematischen Schwerpunkt der Unterrichtseinheit (vorbereitend, lustbetont).
- Alle Schüler müssen gemäß ihrem Lernstand einbezogen sein.
- Das Kopfrechnen sollte in verschiedenen Sozialformen (Einzelarbeit, Partnerarbeit, Gruppenarbeit, im Klassenverband) erfolgen.
- Die Überprüfung der Rechenergebnisse sollte entweder durch die Lehrkraft oder durch Selbstkontrolle erfolgen.
- Der Beginn der Kopfrechenphase enthält Aufgaben, die vom Vortag bekannt sind, und stellen somit für die leistungsschwächeren Schüler sowohl eine Hilfe als auch eine Motivation zur weiteren Kopfrechentätigkeit dar (psychologischer Aspekt).
- Kopfrechenaufgaben sollten zwischen mündlicher, schriftlicher und halbschriftlicher Form wechseln.
- Es sollte vermieden werden, dass nur die schnellsten bzw. besten Kopfrechner Ergebnisse nennen, Lob und Bestätigung erfahren oder in Wettkämpfen gewinnen.

⇨ Kopfrechnen sollte kein sinnentleerter Drill sein.

⇨ Trotzdem: Keine Übungsform kann allen oben genannten Punkten gerecht werden.

⇨ Der didaktische Ort des Kopfrechnens ist variabel.

Welche Arten von Kopfrechenaufgaben gibt es?

Kopfrechnen
inkl. Differenzierungen

Arithmetische Aufgaben
- Kopfrechen-Dächer
- Kopfrechen-Bingo
- Zielscheibe/Dart
- Spiele mit Ziffernkarten
- Folienfußball
- Rechenspaziergang (Kärtchen)
- Würfelspiele

Kombinatorische Aufgaben
Wege – Möglichkeiten (bildgestützt)

Knobelaufgaben
Problemlöseaufgaben

Zahlenrätsel
- in allen Grundrechenarten
- Platzhalteraufgaben

Kopfgeometrie
- Flächen
- kombinatorische Wegstrecken

Knobelaufgaben
- Muster und Strukturen (z. B. Päckchen-Aufgaben)
- Zahlenreihen (z. B. Countdown)

Vorbereitende Sachaufgaben
- Umrechenaufgaben von Größen (z. B. Domino)
- Sprache der Mathematik/Hilfen (z. B. Kopfrechen-Wortspeicher)
- Kommaaufgaben (z. B. Domino)

fächerübergreifende Möglichkeiten
Sport: Bewegungsaufgaben (z. B. Vier-Ecken-Lauf, Einmaleinshüpfen, Rechenball, Partnersuche)

1. Zielfahnenrechnen

Klasse: 1 bis 4
Sozialform: im Klassenverband
Ablauf:

- Die Lehrkraft zeichnet eine Zielfahne an die Tafel und schreibt die Zielzahl hinein (z. B. 100).
- Die Schüler nennen Aufgaben aus allen vier Grundrechenarten, die das Ergebnis 100 haben.
- Zur Kontrolle können die Schüler die Aufgaben an die Tafel schreiben und sich gegenseitig aufrufen.
- Gut geeignet auch für Hausaufgaben bzw. Transferaufgaben.
- Variation: Es stehen mehrere Zahlen an der Tafel (siehe Beispiel).

Beispiel:

20	100	1 000	1 000 000
3 + 17 = 20	20 + 80 = 100	240 + 760 = 1 000	450 000 + 550 000 = 1 000 000

2. Vier-Ecken-Lauf (Kopfrechnen mit Bewegung)

Klasse: 1 bis 4
Sozialform: Gruppen von vier Schülern
Ablauf:

- In jeder Ecke des Klassenraums steht ein Schüler.
- Die Lehrkraft stellt mündliche Rechenaufgaben.
- Wer zuerst die richtige Antwort nennt, darf bis zur nächsten Ecke laufen.
- Es werden so viele Aufgaben gestellt, bis ein Kind wieder an seiner Ausgangsecke ankommt, dieses hat gewonnen.
- Das Spiel kann mit anderen vier Schülern wiederholt werden.
- Die restlichen Schüler sollen vom Platz aus mitrechnen und die Lösungen auf einem Kopfrechenblatt notieren.

3. Zahlen-Tabu

Klasse: 1 bis 4
Sozialform: im Klassenverband
Ablauf:

- Die Lehrkraft legt eine Tabu-Zahl fest, z. B. 25, diese Zahl darf nicht genannt werden.
- Sie stellt die erste Aufgabe an einen Schüler, z. B. 32 – 7, deren Ergebnis die Tabu-Zahl ergibt.
- Da die 25 nicht genannt werden darf, formuliert der Schüler das Ergebnis in einer neuen Aufgabe, z. B. 12 + 13.
- Dann wird dem nächsten Spieler eine Rechnung gestellt.
- Wenn ein Spieler die Tabu-Zahl nennt oder das Ergebnis nicht richtig durch eine andere Rechnung formuliert, scheidet dieser aus.

Beispiele:
Klasse 1: Die Tabu-Zahl lautet 4.
Aufgabe: 12 – 8; mögliche Schülerantworten: 2 + 2 oder 1 + 3 oder 5 – 1 oder 11 – 7 ...
Klasse 2: Die Tabu-Zahl lautet 30.
Aufgabe: 100 – 70; mögliche Schülerantworten: 15 + 15 oder 10 + 20 oder 80 – 50 oder 65 – 35 ...
Differenzierung: Die Tabu-Zahl lautet 3. Alle Zahlen mit 3 (z. B. 13, 23, 33, 43 ...) dürfen nicht genannt werden.
Klasse 3: Die Tabu-Zahl lautet Hundert (damit sind alle vollen Hunderter gemeint: 100, 200, 300 ...).
Aufgabe: 4 · 50 = ?; mögliche Schülerantworten: 170 + 30 oder 210 – 10 oder 8 · 25 ...
Klasse 4: Die Tabu-Zahl lautet Hunderttausend (damit sind alle vollen Hunderttausender gemeint: 100 000, 200 000, 300 000 ...).
Aufgabe: 4 · 25 000; mögliche Schülerantworten: 8 · 12 500 oder 88 000 + 12 000 ...

4. Einmaleins-Hüpfen (Kopfrechnen mit Bewegung)

Klasse: 2 bis 4
Sozialform: Gruppenarbeit
Ablauf:

- Die Kinder stellen sich zu viert in einer Gruppe auf.
- Schüler 1 springt z. B. zuerst zweimal, dann dreimal, die anderen drei Schüler multiplizieren die Zahlen (2 · 3 = 6). Wer zuerst das richtige Ergebnis nennt, springt als Nächster.
- Dieses Spiel kann sowohl auf dem Pausenhof als auch im Sportunterricht oder in einer Phase bewegten Unterrichts stattfinden.

5. Countdown

Klasse: 1 bis 4
Sozialform: im Klassenverband
Ablauf:

- Die Lehrkraft lässt die ganze Klasse von einer Startzahl aus (z. B. 20, 100, 1 000 usw.) rückwärts zählen, z. B. in 5er-Schritten (oder anderen Schrittfolgen).
- Variation: Dabei wird die Zeit gestoppt.

6. Kettenrechnen

Klasse: 1 bis 4
Sozialform: im Klassenverband
Material: Arbeitsblatt
Ablauf:

- Die Lehrkraft schreibt eine Kettenrechnung an die Tafel (oder OHP) oder verteilt ein Arbeitsblatt.
- Die aufgerufenen Schüler nennen zu jedem Pfeil die passende Rechenoperation.

Beispiele:

1. Klasse:

$2 \xrightarrow{+7} 9 \xrightarrow{-4} 5 \xrightarrow{+1} 6$

Differenzierung:

$8 \xrightarrow{-3} 5 \xrightarrow{+7} 12 \xrightarrow{+3} 15$

2. Klasse:

$4 \longrightarrow 15 \longrightarrow 40 \longrightarrow 100$

Differenzierung:

$52 \longrightarrow 23 \longrightarrow 68 \longrightarrow 97$

3. Klasse:

$512 \longrightarrow 228 \longrightarrow 716 \longrightarrow 1\,000$

Differenzierung:

$280 \longrightarrow 4 \longrightarrow 930 \longrightarrow 1\,000$

4. Klasse:

$125\,000 \longrightarrow 4 \longrightarrow 500\,000 \longrightarrow 1\,000\,000$

Differenzierung:

$680\,000 \longrightarrow 555\,000 \longrightarrow 8 \longrightarrow 1\,000\,000$

7. Zahlenreihen

Klasse: 1 bis 4
Sozialform: im Klassenverband oder Einzelarbeit
Material: Arbeitsblatt
Ablauf:

- Die Lehrkraft verteilt entweder an alle Kinder ein Arbeitsblatt oder zeigt die Zahlenreihen mit dem OHP.
- In den Kreisen steht der Rechenbefehl, bzw. muss der Rechenbefehl eingetragen werden. In die Lückenstriche gehört das nächste Ergebnis.

- Die aufgerufenen Schüler setzen die vorgegebene Zahlenreihe fort.
- Die Differenzierung besteht in der Erhöhung des Schwierigkeitsgrades bzw. im Erkennen einer mathematischen Gesetzmäßigkeit, z. B. + 1 + 2 + 3 + 4 …
- Bewusst wird in der 3. Klasse eine offene Aufgabe verwendet, z. B. kann mit Plus bzw. mit der Operation · 2 zur nächsten Zahl gelangt werden.

Beispiele:

1. Klasse:

1 ○ 4 ○ 7 ○ 10 ○ ___ ○ ___ ○ ___

Differenzierung: 2 ○ 3 ○ 5 ○ 8 ○ ___ ○ ___

2. Klasse:

25 ○ 27 ○ 30 ○ 34 ○ 39 ○ ___ ○ ___

Differenzierung a) 3 ○ 6 ○ 12 ○ 24 ○ ___ ○ ___

Differenzierung b) 1 ○ 4 ○ 9 ○ 16 ○ ___ ○ ___

3. Klasse:

25 ○ 50 ○ 100 ○ ___ ○ ___ ○ ___

Differenzierung a) 125 ○ 250 ○ 375 ○ 500 ○ ___ ○ ___ ○ ___ ○ ___

Differenzierung b) 25 ○ 40 ○ 60 ○ 75 ○ 95 ○ ___ ○ ___

4. Klasse:

170 000 ○ 150 000 ○ 180 000 ○ 160 000 ○ 190 000 ○ ___ ○ ___

Differenzierung a) 125 000 ○ 250 000 ○ 375 000 ○ 500 000 ○ ___ ○ ___

Differenzierung b) 25 000 ○ 50 000 ○ 52 000 ○ 156 000 ○ 159 000 ○ ___ ○ ___

8. Rechenball

Klasse: 1 bis 4
Sozialform: im Klassenverband
Material: Ball
Ablauf:

- Die Schüler stehen im Kreis oder sitzen auf ihren Plätzen.
- Die Lehrkraft stellt eine mündliche Rechenaufgabe.
- Anschließend wirft sie einem Schüler den Ball zu, der die Aufgabe im Kopf löst.
- Dazu gibt es vier Varianten:

1. Der Schüler stellt selbst eine Aufgabe und wirft den Ball einem anderen Schüler zu, der diese löst.
2. Der Schüler wirft den Ball zur Lehrkraft zurück; diese stellt die nächste Aufgabe.
3. Der Schüler rechnet mit dem letzten Ergebnis weiter (z. B. 9 + 3 = 12; 12 + 7 = 19; 19 – 6 = 13 ...).
4. Die Klasse hat die Aufgabe, bis zu einer Höchstzahl (die vorgegeben wird, z. B. 80) zu rechnen.

- In Klasse 1 sind nur Aufgaben mit Plus und Minus möglich, ab Klasse 2 alle vier Grundrechenarten.

9. Rechenfußball

Klasse: 1 bis 4
Sozialform: im Klassenverband mit zwei Mannschaften oder Partnerarbeit
Material: Fußballfeld aus Papier oder Tafelbild oder Folienbild (siehe Kopiervorlage S. 30)
Ablauf:

- Auf die Tafel werden in einem bestimmten Abstand zueinander zwei Tore gezeichnet, der Ball klebt genau zwischen den Toren.
- Die Klasse wird in zwei Mannschaften geteilt.
- Jeweils ein Kind aus jeder Mannschaft kommt zur Tafel vor.
- Die Lehrkraft stellt eine Aufgabe.
- Wer zuerst die richtige Lösung nennt, darf den Ball eine Linie weiter Richtung gegnerisches Tor schieben (Anstoßkreis, 16-Meter-Linie, 5-Meter-Linie, Torlinie).
- Wenn das Ergebnis vorgesagt oder ein falsches Ergebnis genannt wurde, wird der Ball Richtung eigenes Tor geschoben.
- Sieger ist das Team, das zuerst den Spielball auf die Torlinie des gegnerischen Feldes bringt.
- Das Kopfrechenfußballspiel kann sowohl an der Tafel als auch auf dem OHP oder auf dem Tisch mit zwei Banknachbarn gespielt werden.

10. Hausnummern

Klasse: 1 bis 4
Sozialform: im Klassenverband
Material: Zahlenkarten mit den Zahlen, die als Lösungszahlen zum Leistungsstand der Klasse passen
Ablauf:

- Jedes Kind zieht verdeckt eine Zahlenkarte mit einer Hausnummer (jede Hausnummer kommt mindestens zweimal vor).
- Die Schüler gehen durchs Klassenzimmer und sollen andere Kinder mit der gleichen Hausnummer finden, ohne sie zu nennen. Stattdessen flüstern sie sich Rechnungen zu, die die Hausnummer als Ergebnis haben.
- Der Lehrer gibt die Anzahl der gleichen Hausnummern, die zu finden sind, vor (z. B. 2 oder 4).

- Wenn sich zwei Kinder mit der gleichen Hausnummer gefunden haben, fassen sie sich an der Hand und suchen weiter.
- Stimmt das Ergebnis der zugeflüsterten Rechnung nicht mit der eigenen Hausnummer überein, schüttelt der Angesprochene den Kopf und es wird weiter gesucht.

Beispiele:

1. Klasse:

Alle Schüler gehen durch den Raum. Zwei flüstern sich Rechenaufgaben zu, z. B. 8 + 8 und 18 – 5. Diese Ergebnisse sind nicht gleich. Die beiden Schüler schütteln den Kopf und suchen sich einen anderen Partner. Jetzt flüstern sich die neuen Partner die Aufgaben 8 + 8 und 20 – 4 zu. Beide nicken und fassen sich an der Hand (und suchen weiter, sofern angesagt war, dass drei oder vier Kinder jeweils die gleiche Hausnummer haben).

4. Klasse:

Hier werden die Rechenaufgaben schwieriger und die Hausnummern höher. Für die Hausnummer 240 sind z. B. folgende Rechenaufgaben denkbar: 4 · 60 oder 400 – 160 oder 480 : 2 oder 180 + 60.

11. Blitzrechnen

Klasse: 1 bis 4
Sozialform: im Klassenverbund
Material: Zahlenkarten
Ablauf:

- Die Lehrkraft zeigt der Klasse vorbereitete Zahlenkarten.
- Die Schüler sollen die Zahl ergänzen oder vermindern, z. B. auf den nächsten Zehner, Hunderter, Tausender bzw. auf den vorherigen Zehner, Hunderter, Tausender …

Beispiele:

1. Klasse: Die Zahlkarte 18 wird gezeigt, die Kinder ergänzen 18 + 2 = 20.
Differenzierung: 18 – 8 = 10
2. Klasse: Die Zahlkarte 93 wird gezeigt, die Kinder ergänzen 93 + 7 = 100.
Differenzierung: 93 – 3 = 90
3. Klasse: Die Zahlkarte 460 wird gezeigt, die Kinder ergänzen 460 + 40 = 500.
Differenzierung: 460 – 60 = 400 oder 460 + 540 = 1 000
4. Klasse: Die Zahlkarte 250 000 wird gezeigt, die Kinder ergänzen 250 000 + 50 000 = 300 000 oder 250 000 + 750 000 = 1 000 000
Differenzierung: 250 000 – 50 000 = 200 000

12. Päckchen-Aufgaben

Klasse: 1 bis 4
Sozialform: Einzelarbeit
Material: Kopiervorlage (siehe S. 31 ff.)
Ablauf:

- Jeder Schüler bekommt eine Kopiervorlage und rechnet die Aufgabenpäckchen in der Mitte aus.

- Die Start-Aufgabe ist gekennzeichnet.
- Die Aufgaben sind nach einer logischen Struktur aufgebaut, die das Kind erkennen muss, um selbst passende Aufgaben zu finden und zu ergänzen.
- Im Anschluss verbalisieren die Kinder die Erkenntnisse aus den Rechnungen bzw. die Ergebnisse (z. B. „die Ergebnisse bleiben immer gleich" oder „die Zahl, die ich zum nächsten Zehner ergänzen muss, wird immer um 1 größer"). Diese Verbalisierung ist entscheidend, denn sie macht deutlich, ob das Kind das Prinzip der Päckchen-Aufgaben verstanden hat, bzw. gibt Aufschluss darüber, welche Schüler konkret individuelle Fördermaßnahmen benötigen.
- Das Prinzip der mathematischen Gesetzmäßigkeit/Struktur wird für die häusliche Arbeit im Plenum mit den Kindern als Hausaufgabenhilfe erläutert, so dass die Kinder in der alleinigen Weiterarbeit zu Hause nicht überfordert sind.

13. Zahlen-Klatsch

Klasse: 1 bis 4
Sozialform: im Klassenverband, zwei Mannschaften
Material: zwei Fliegenklatschen, Tafel
Ablauf:

- Die Schüler stellen sich in zwei Riegen vor der Tafel auf.
- Jeweils das erste Kind bekommt eine Fliegenklatsche.
- An der Tafel stehen ca. 20 verschiedene Zahlen.
- Der Lehrer nennt eine Rechnung.
- Die beiden ersten Kinder versuchen, so schnell wie möglich mit der Fliegenklatsche auf das richtige Ergebnis zu klatschen.
- Die Gruppe mit dem schnelleren Kind bekommt einen Punkt.
- Die Fliegenklatschen werden an die nächsten Schüler weitergereicht.

14. Hunderterfeldspiel (Addition und Subtraktion)

Klasse: 2
Sozialform: im Klassenverband
Material: Hunderterfeld (siehe Kopiervorlage S. 39), Muggelsteine
Ablauf:

- Jedes Kind bekommt eine Hundertertafel und einen Muggelstein.
- Der Lehrer gibt das Startfeld in der Hundertertafel vor (z. B. „Zeile 2, Kästchen 4" = 14), nennt den Rechenbefehl (z. B. „Geht zwei Schritte nach links und zwei Schritte nach unten" = 32. „Addiert beide Ergebnisse": 14 + 32 = 46).
- „Geht nun drei Schritte nach rechts und zwei Schritte nach oben" = 29.
- „Subtrahiert beide Ergebnisse und stellt den Muggelstein auf das Schlussergebnis" (46 – 29 = 17).

15. Kreuzzahlgitter

Klasse: 1 bis 4
Sozialform: Einzelarbeit

Material: Kreuzzahlgitter (siehe Kopiervorlage S. 39)

Ablauf:

- Jeder Schüler bekommt ein Kreuzzahlgitter oder dies wird an der Tafel oder am OHP gezeigt. Entweder suchen sich die Schüler selbst eine Zahlenkombination (diagonal, vertikal oder horizontal) aus dem Zahlengitter oder die Lehrkraft gibt eine vor.
- Die Schüler notieren Rechenaufgaben, die zu diesem Ergebnis führen (z. B. 39 + 12 = 51 oder 60 – 9 = 51). Alle Zahlen müssen im Kreuzgitter vorkommen.

Beispiel:

1	2	3	4	5	6
7	8	9	0	1	2
3	4	5	6	7	8
9	0	1	2	3	4
5	6	7	8	9	0
1	2	3	4	5	6

16. Würfeln

Klasse: 1 bis 4

Sozialform: Partnerarbeit

Material: zwei Würfel

Ablauf:

- Beide Partner würfeln mit je einem Würfel.
- Aus den gewürfelten Zahlen werden Plus-, Minus- oder Malaufgaben gebildet, die gemeinsam gelöst werden.
- Es gibt Würfel mit unterschiedlichen Augenzahlen (von 1 bis 6, aber auch bis 9, bis 18 bzw. bis 20), die alle eingesetzt werden können.

17. Wer bleibt übrig?

Klasse: 1 bis 4

Sozialform: im Klassenverband

Material: Ergebniskärtchen mit Zahlen, die als Ergebniszahlen zu vorher vorbereiteten Rechenaufgaben passen, und mit einigen Zahlen, die zu keiner der Aufgaben passen

Ablauf:

- Jeder Schüler erhält ein Kärtchen.
- Der Lehrer nennt nacheinander Rechenaufgaben.
- Derjenige Schüler, der das Ergebnis in Händen hält, nennt dieses und setzt sich.
- Einige Schüler bleiben übrig, da für ihr Ergebniskärtchen keine passende Aufgabe gestellt wurde. Sie haben gewonnen.

18. Bingo

Klasse: 1 bis 4

Sozialform: im Klassenverband

Material: Bingo-Feld (siehe Kopiervorlage S. 40), Muggelsteine

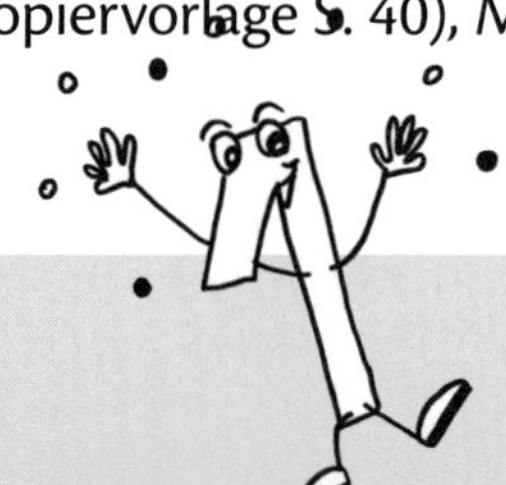

Ablauf:
- Die Lehrkraft diktiert 16 Ergebniszahlen von bestimmten Aufgabentypen (z. B. Zahlen bis 100).
- Die Schüler schreiben diese beliebig in die Felder ihres Bingoblatts.
- Die Lehrkraft nennt nun nacheinander Aufgaben, die Schüler rechnen und streichen die passenden Ergebniszahlen auf ihrer Vorlage durch. Es können auch Aufgaben gestellt werden, deren Ergebnisse nicht dabei sind, dann kann nichts durchgestrichen werden.
- Wer vier Ergebnisse diagonal, vertikal oder horizontal in einer Reihe streichen kann, ruft: „Bingo!"

Beispiele:

1. Klasse

8 + 5 = ____
9 – 6 = ____
2 + ____ = 10
____ – 3 = 7
____ + 6 = 9
2 + 7 = ____
4 + ____ = 7
8 – ____ = 1

3. Klasse

1 000 – 578 = ____
390 + 470 = ____
598 + ____ = 650
____ – 200 = 788
1 000 – ____ = 875
____ + 125 = 1 000
867 – 50 = ____
378 + 30 = ____

2. Klasse

5 · 5 = ____
81 : 9 = ____
____ · 7 = 49
____ : 6 = 6
4 · ____ = 16
100 : ____ = 10
81 – 7 = ____
56 + 18 = ____

4. Klasse

250 000 + 60 000 = ____
320 000 – 45 000 = ____
1 000 000 – 640 000 = ____
____ + 23 000 = 78 000
____ – 56 500 = 13 500
54 300 – ____ = 53 800
6 470 + ____ = 11 000
960 000 – 70 000 – 13 000 = ____

19. Deckelchenspiel

Klasse: 1 bis 4
Sozialform: Einzel-, Partner- oder Gruppenarbeit
Material: viele Schraubdeckel, auf denen außen ein Zettel mit einer Aufgabe und innen die passende Lösung aufgeklebt sind

Ablauf:
- Ein Kind nach dem anderen bekommt einen Deckel. Achtung: Die Lösung soll nicht sichtbar sein.
- Es rechnet und nennt die richtige Lösung.
- Diese wird im Inneren des Deckels kontrolliert.
- Stimmt die Lösung, darf das Kind das Deckelchen nehmen.
- Am Ende wird gezählt, wer die meisten Deckelchen erspielt hat.

20. Partnersuche (Kopfrechenspiel mit Bewegung)

Klasse: 1 bis 4
Sozialform: im Klassenverband
Material: Kärtchen mit Rechnungen und Lösungen (siehe Kopiervorlage S. 41 ff.)
Ablauf:

- Die Kopiervorlagen werden auseinander geschnitten.
- Jeder Schüler bekommt ein Kärtchen.
- Alle gehen durch das Klassenzimmer.
- Die Schüler lesen die Aufgabe eines Kärtchens einem Partner vor, der Partner rechnet im Kopf und nennt die Lösung (die in Klammern zur Kontrolle angegeben ist).
- Die Kärtchen sind so angelegt, dass jeweils zwei gleiche Lösungen vorkommen. Die Schüler suchen so lange, bis sie den Partner mit dem gleichen Ergebnis gefunden haben.
- Differenzierung: Umkehraufgaben (für leistungsstärkere Schüler)

Beispiel:
1. Klasse

19 – 6 (13)	4 + 9 (13)	7 + 7 (14)	19 – 5 (14)

21. Kopfrechen-Walk (Kopfrechenspiel in Bewegung)

Klasse: 1 bis 4
Sozialform: im Klassenverband
Material: Kärtchen mit differenzierenden Symbolen (* bis *** nach Leistungsstärke), siehe Kopiervorlage S. 44 ff.
Ablauf:

- Jeder Schüler bekommt auf seinem Niveau eine Aufgabenkarte.
- Alle gehen durch das Klassenzimmer und suchen einen Partner mit einer Aufgabenkarte mit dem gleichen Symbol.
- Gegenseitig werden die Aufgaben gestellt und die Lösungen genannt.
- Sind beide Lösungen korrekt, tauschen die beiden Kinder die Aufgabenkarte und suchen sich einen neuen Partner, der eine Aufgabenkarte mit dem gleichen Symbol hat.

22. Kopfrechen-Dach (Partnerrechnen)

Klasse: 1 bis 4
Sozialform: Partnerarbeit
Material: Kopfrechen-Dächer (Kopiervorlagen S. 47 ff.)
Ablauf:

- Zwischen zwei Schülern steht das Kopfrechen-Dach. Dazu wird die Kopiervorlage in der Mitte geknickt, sodass jeder nur eine Seite sieht.
- Abwechselnd stellt ein Partner eine Aufgabe, lässt sein Gegenüber im Kopf rechnen und kontrolliert mit der Lösungszahl das Ergebnis.

23. Kartenpaare finden

Klasse: 1 bis 4
Sozialform: Gruppenarbeit mit vier bis sechs Kindern
Material: Karten mit Aufgaben (Kopiervorlagen S. 55 ff.)
Ablauf:

- Es wird nach den Regeln des bekannten Legespiels gespielt. Es müssen jeweils zwei zusammengehörige Karten gefunden werden.
- Die Schüler müssen die passenden Rechnungen zu den Ergebnissen finden.

24. Domino

Klasse: 1 bis 4
Sozialform: Partner- oder Gruppenarbeit
Material: Dominokarten (auf einer Seite eine Rechnung, auf der anderen Seite ein Ergebnis) (siehe Kopiervorlagen S. 59 ff.)
Ablauf:

- Jeder Spieler bekommt eine gewisse Anzahl von Dominokarten.
- Eine Karte wird als Start vorgegeben.
- Jeder Spieler muss eine Karte aus seiner Hand anlegen (entweder die passende Rechnung oder das passende Ergebnis).
- Wer nichts Passendes hat, zieht vom Stapel nach.
- Wer zuerst alle Karten abgelegt hat, hat gewonnen.
- Differenzierung: Es ist möglich, dass die Schüler auch **halbschriftlich** auf dem Rechenblock mitrechnen. Zudem können mündliche Begründungen (z. B. Minusaufgaben mit Hunderterübergang) von der Lehrperson eingefordert werden, um die Denkleistung der Schüler nachvollziehen zu können.

Auf den Seiten 59 bis 70 finden Sie Dominokarten für alle vier Klassen zu einigen mathematischen Schwerpunkten, die Sie beliebig mithilfe der Vorlagen auf der CD ergänzen und verändern können.
Für einige Mathethemen geben wir auf den folgenden Seiten noch Beispielaufgaben an, die sich gut für die Dominokarten eignen.

Beispiele:

Klasse 2:

Plusaufgaben mit Zehnerübergang (ZE + E bis 100)

Start / 73 + 8
81 / 67 + 6
73 / 24 + 8
32 / 48 + 8
56 / 28 + 7
35 / 66 + 8
74 / 55 + 6
61 / Ende

Minusaufgaben mit Zehnerübergang (ZE – E bis 100)

Start / 73 – 6
67 / 42 – 8
34 / 54 – 5
49 / 23 – 5
18 / 62 – 6
56 / 67 – 8
59 / 32 – 9
23 / Ende

Klasse 3:

Plusaufgaben mit Hunderterübergang (HZE + ZE bis 1 000)

Start / 173 + 18
191 / 267 + 16
283 / 324 + 18
342 / 448 + 38
486 / 528 + 17
545 / 766 + 18
784 / 555 + 26
581 / Ende

Malaufgaben mit Quadratzahlen und Plusaufgaben (ZE)

Start / 9 · 9 + 18
99 / 8 · 8 + 22
86 / 7 · 7 + 31
80 / 6 · 6 + 13
49 / 4 · 4 + 22
38 / 3 · 3 + 30
39 / 2 · 2 + 33
37 / Ende

4. Klasse:

Plusaufgaben mit Tausenderübergang (THZE + THZE bis 1 000 000)

Start / 6 543 + 6 543
13 086 / 1 357 + 2 342
3 699 / 3 699 + 3 699
7 398 / 8 550 + 1 551
10 101 / 1 234 + 5 678
6 912 / 2 345 + 5 678
8 023 / 8 023 + 3 777
11 800 / Ende

Minusaufgaben ohne Tausenderübergang (THZE – H bis 1 000 000)

Start / 39 900 – 700
39 200 / 88 500 – 400
88 100 / 44 300 – 100
44 200 / 39 400 – 300
39 100 / 99 800 – 500
99 300 / 45 700 – 600
45 100 / 99 900 – 900
99 000 / Ende

Malaufgaben mit Tausenderzahlen
Start / 5 000 · 9
45 000 / 7 000 · 8
56 000 / 60 · 4 000
240 000 / 90 · 4 000
360 000 / 90 · 3000
270 000 / 6 · 7 000
42 000 / 90 · 7 000
630 000 / Ende

Malaufgaben mit Minusaufgaben
Start / 90 · 90 – 100
8000 / 60 · 300 – 180
17 820 / 70 · 700 – 999
48 001 / 50 · 60 – 333
2 667 / 50 · 500 – 55
24 945 / 40 · 4 000 – 16 000
144 000 / 80 · 80 – 640
5 760 / Ende

Geteiltaufgaben mit Minusaufgaben
Start / 56 000 : 8 – 5000
2 000 / 81 000 : 9 – 8700
300 / 450 : 9 – 48
2 / 64 000 : 8 – 7990
10 / 25 000 : 50 – 499

1 / 3 500 : 7 – 388
112 / 36 600 : 600 – 55
6 / Ende

Umrechenaufgaben mit Komma
Start / 56 000 : 8 – 5 000
2000 / 81 000 : 9 – 8 700
300 / 450 : 9 – 48
2 / 64 000 : 8 – 7990
10 / 25 000 : 50 – 499
1 / 3 500 : 7 – 388
112 / 36 600 : 600 – 55
6 / Ende

25. Erfinder-Aufgaben
Klasse: 1 bis 4
Sozialform: Einzelarbeit
Material: drei Ziffernkarten (bzw. ein Arbeitsblatt mit drei vorgegebenen Ziffern)
Ablauf:

- Die Schüler sollen mit drei vorgegebenen Ziffern so viele Rechenaufgaben wie möglich bilden und lösen. Dabei müssen alle drei Ziffern in der Rechenaufgabe vorkommen.
- Ab der zweiten Klasse dürfen auch Zehnerzahlen mit den Ziffern gebildet werden.

Beispiele:

1. Klasse:
Ziffern [2] [3] und [5]
Mögliche Rechnungen:
2 + 3 + 5 = 10
2 + 5 + 3 = 10
5 – 3 + 2 = 4
5 – 3 – 2 = 0
5 – 2 + 3 = 6 …

2. Klasse:
Ziffern [4] [5] und [10]
Mögliche Rechnungen:
4 + 5 + 10 = 19
4 · 5 + 10 = 30
5 – 4 + 10 = 11
10 : 5 · 4 = 8
10 · 4 + 5 = 45
45 – 10 = 35 …

3. Klasse:
Ziffern [3] [7] und [9]
Mögliche Rechnungen:
$(3 + 7) \cdot 9 = 90$
$3 \cdot 7 + 9 = 30$
$9 \cdot 7 - 3 = 60$
$3 \cdot 9 + 7 = 34$
$79 + 3 = 82$
$37 + 9 = 46$
$3 \cdot 7 \cdot 9 = 189$ …

4. Klasse:
Ziffern [4] [8] und [9]
Mögliche Rechnungen:
$9 \cdot 8 : 4 = 18$
$48 : 9 = 5$ R3
$9 \cdot 8 \cdot 4 = 288$
$89 : 4 = 22$ R1 …

26. Datums-Mathematik

Klasse: 2 bis 4
Sozialform: im Klassenverband
Ablauf:
- Jedes Kind denkt sich eine Rechnung aus, deren Ergebnis das Datum des Tages ergibt (je nach Klassenstufe gilt nur der Tag oder zusätzlich der Monat).
- Die Schüler schreiben die Rechnungen an die Tafel.
- Beispiel: 21. Mai → Rechnungen mit dem Ergebnis 21, z. B. $3 \cdot 7$, $25 - 4$ usw. oder Rechnungen mit dem Ergebnis 215, z. B. $430 : 2$, $310 - 65$ usw.

27. Mathe-Stadt-Land-Fluss

Klasse: 3 bis 4
Sozialform: Gruppenarbeit
Material: Vorlage für Mathe-Stadt-Land-Fluss (siehe Kopiervorlage S. 71)
Ablauf:
- Gespielt wird wie Stadt-Land-Fluss.
- Die Kategorien lauten:
  - das Doppelte der Zahl,
  - die Zahl – 15 (ist die Zahl ist zu klein, dann + 15),
  - die beiden Nachbarzahlen,
  - die nächste Zehnerzahl,
  - eine passende Rechenaufgabe.

28. Immer 18!

Klasse: 1 bis 2
Sozialform: Einzelarbeit
Material: Tabelle mit Zahlen (siehe Kopiervorlage S. 72)
Ablauf:
- Jedes Kind bekommt eine Tabelle mit Zahlen.
- Die Aufgabe lautet: Finde alle nebeneinander- oder übereinanderliegende Zahlen, die zusammengezählt 18 ergeben.
- Verbinde die Zahlen mit einer Linie.

29. Ziffernrennen

Klasse: 1 bis 4
Sozialform: im Klassenverband
Material: Ziffernkarten
Ablauf:
- Die Schüler sitzen im Kreis.
- Jeder Schüler bekommt eine Ziffernkarte (jede Ziffer wird mindestens zweimal vergeben).
- In der Mitte des Kreises stehen vier Stühle, die die Einerstelle, Zehnerstelle, Hunderterstelle und Tausenderstelle einer Zahl darstellen.
- Der Lehrer nennt eine Zahl.
- Die Kinder mit den passenden Ziffern setzen sich auf die Stühle und heben ihre Ziffer hoch.
- Gemeinsam wird die Zahl genannt.
- Die Kinder gehen zurück und die Ziffernkärtchen werden im Uhrzeigersinn weitergegeben.
- Das Spiel beginnt erneut.

30. Größenwahn

Klasse: 1 bis 4
Sozialform: Gruppenarbeit mit drei bis vier Schülern
Material: Kärtchen mit den Ziffern 0 bis 9
Ablauf:
- Die Karten werden auf dem Tisch gemischt.
- Jedes Kind zieht eine Ziffer.
- Gemeinsam wird versucht, die größte und die kleinste Zahl aus den Ziffern zu bilden.
- Einer aus der Gruppe liest die Zahl laut vor.

31. Zielscheibe

Klasse: 1 bis 4
Sozialform: Gruppenarbeit
Material: Zielscheibe (siehe Kopiervorlage S. 73, entsprechend vergrößern, eventuell laminieren), Pfeile oder Spielsteine
Ablauf:
- Auf der Scheibe werden passende Zahlen eingetragen, siehe Beispiele auf der folgenden Seite.
- Die Schüler werfen drei Pfeile auf die Zielscheibe und verschriftlichen alle Möglichkeiten, die sich durch die drei getroffenen Zahlen ergeben. Alternativ werfen die Schüler drei Spielsteine auf die Zielscheibe, die in der Mitte auf dem Tisch liegt.
- Differenzierung: Leistungsstärkere Schüler verwenden auch Tauschaufgaben, leistungsschwächere Schüler erhalten z. B. die Vorgabe, fünf Möglichkeiten zu finden.

Beispiele:

1. Klasse:

6 Punkte (Innenkreis), 3 Punkte (Mittelkreis), 1 Punkt (Außenkreis)

Mögliche Punktzahlen bei drei Würfen:

0 + 0 + 0 = 0

6 + 6 + 6 = 18

6 + 3 + 3 = 12

6 + 3 + 1 = 10

3 + 3 + 3 = 9

3 + 3 + 1 = 7

1 + 1 + 1 = 3

6 + 1 + 1 = 8 …

2. Klasse:

30 Punkte (Innenkreis), 20 Punkte (Mittelkreis), 10 Punkte (Außenkreis)

Mögliche Punktezahlen bei drei Würfen:

30 + 30 + 30 = 90

30 + 30 + 20 = 80

30 + 20 + 20 = 70

30 + 20 + 10 = 60

30 + 10 + 10 = 50 …

3. Klasse:

300 Punkte (Innenkreis), 150 Punkte (Mittelkreis), 50 Punkte (Außenkreis)

Mögliche Punktezahlen bei drei Würfen:

300 + 300 + 300 = 900

300 + 300 + 150 = 750

300 + 150 + 150 = 600

300 + 150 + 50 = 500

300 + 50 + 50 = 400 …

Differenzierung: Pia hat 300 Punkte geworfen. Wo sind ihre Pfeile gelandet?

4. Klasse:

10 000 Punkte (Innenkreis), 5 000 Punkte (Mittelkreis), 2 500 Punkte (Außenkreis)

Mögliche Punktezahlen bei drei Würfen:

10 000 + 10 000 + 10 000 = 30 000

10 000 + 10 000 + 5 000 = 25 000

10 000 + 5 000 + 2 500 = 17 500

10 000 + 5 000 + 5 000 = 20 000

10 000 + 2 500 + 2 500 = 15 000 …

Differenzierung: Cem hat 12 500 Punkte geworfen. Wo sind seine Pfeile gelandet?

32. „Ich sehe was, was du nicht siehst …"

Klasse: 1 bis 4
Sozialform: im Klassenverband
Ablauf:

- Die Lehrkraft beschreibt etwas, was in der Umgebung zu sehen ist, z. B. „Ich sehe was, was du nicht siehst, davon gibt es in unserem Klassenzimmer genau vier." oder „Ich sehe was, was du nicht siehst, das ist dreieckig." Dabei werden Körper- und Flächennamen, Lagebezeichnungen und Mengen geübt.
- Die Kinder versuchen, das Rätsel zu lösen.
- In der 4. Klasse kann auch eine Schülerin oder ein Schüler die Ansagen übernehmen.

33. Schulhaus-Rätsel

Klasse: 1 bis 4
Sozialform: im Klassenverband
Ablauf:

- Die Lehrkraft oder ein Kind beschreibt verbal einen imaginierten Weg durchs Schulhaus. Die Raum- und Lagebezeichnungen müssen der Realität entsprechen.
- Die Kinder in der Klasse versuchen, den Weg mit zu verfolgen (eventuell mit geschlossenen Augen).
- Es muss erraten werden, in welchem Raum oder an welcher Stelle sich die Person am Ende befindet.

34. Formen zeichnen

Klasse: 1 bis 4
Sozialform: Partnerarbeit
Ablauf:

- Jeweils zwei Kinder sind Partner.
- Ein Kind zeichnet mit dem Finger eine geometrische Form auf den Rücken des anderen Kindes.
- Dieses muss erkennen, um welche Form es sich handelt.
- Dann wird gewechselt.

35. Teampuzzle

Klasse: 1 bis 4
Sozialform: im Klassenverband
Material: Puzzleteile, die Quadrate ergeben (Kopiervorlage S. 74, eventuell laminieren)
Ablauf:

- Jedes Kind bekommt ein Puzzleteil. Immer drei Teile ergeben ein Quadrat. Die Menge der benötigten Quadrate richtet sich nach Anzahl der Schüler in der Klasse; die Kopiervorlage entsprechend oft kopieren.
- Die Schüler gehen im Klassenzimmer umher und versuchen, zwei andere Kinder mit passenden Teilen zu finden, damit sie gemeinsam ein Quadrat zusammensetzen können.
- Wer erfolgreich war, setzt sich still an seinen Platz.

36. Wie viele Dreiecke findest du?

Klasse: 2 bis 4
Sozialform: im Klassenverband
Material: Bildvorlage (siehe Kopiervorlage S. 75)
Ablauf:

- Die Schülerinnen und Schüler sehen am Whiteboard oder am OHP (oder in Kopie als AB) ein Bild mit geometrischen Formen und benennen (oder verschriftlichen) die Anzahl der erkannten Dreiecke.

37. Wie viele Vierecke findest du?

Klasse: 2 bis 4
Sozialform: im Klassenverband
Material: Bildvorlage (siehe Kopiervorlage S. 75)
Ablauf:

- Die Schülerinnen und Schüler sehen am Whiteboard oder am OHP (oder in Kopie als AB) ein Bild mit geometrischen Formen und benennen (oder verschriftlichen) die Anzahl der erkannten Vierecke.

38. Wie viele Wege führen von A nach B?

Klasse: 2 bis 4
Sozialform: Einzelarbeit
Material: Bildvorlage (siehe Kopiervorlage S. 76)
Ablauf:

- An jedes Kind wird eine Kopiervorlage verteilt.
- Die Kinder sollen die unterschiedlichen Möglichkeiten der Wegstrecken zwischen A und B auf ihrer Bildvorlage nachmalen, eventuell in verschiedenen Farben.
- Es kann auch vorgegeben werden, dass der kürzeste oder der längste Weg gefunden werden soll.

39. Mal-Plus-Häuser

Klasse: 2 bis 4
Sozialform: Partner-, Gruppenarbeit
Material: Mal-Plus-Häuser als Arbeitsblatt oder an der Tafel (siehe Kopiervorlagen S. 77 ff.)
Ablauf:

- Grundidee: Die drei Zahlen aus dem Erdgeschoss werden miteinander multipliziert (siehe Beispiel 2 · 6 und 6 · 6), die Ergebnisse im ersten Stock eingetragen (12, 36). Die Ergebnisse im ersten Stock werden addiert (12 + 36) und als Summe im Dach eingetragen (48).
- Die Mal-Plus-Häuser stellen vor allem deshalb eine gute Aufgabe dar (vgl. das rechte Beispiel mit der Dachzahl 32), weil unterschiedliche Lösungsmöglichkeiten vorhanden sind.
- Die Kinder bekommen die Aufgabe, die unterschiedlichen Lösungswege in kommunikativ-kooperativen Lernformen (z. B. in Chatpoints, siehe nächstes Aufgabenformat) zu vergleichen bzw. alle Lösungen herauszufinden.

Beispiel:

48
12 36
2 6 6

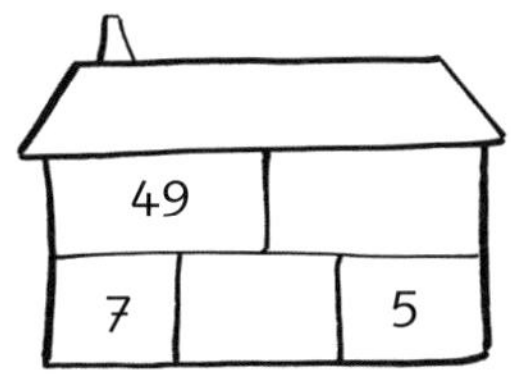

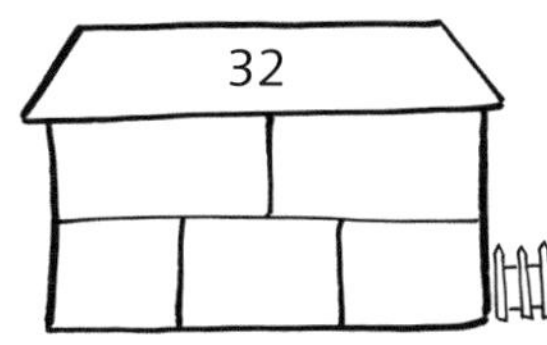

40. Zahlenrätsel (in Chatpoints)

Klasse: 2 bis 4
Sozialform: Partnerarbeit
Material: Zahlenrätsel auf einer Karte oder auf einem Arbeitsblatt (siehe Kopiervorlagen S. 80 ff.)
Ablauf:

- Die Schüler arbeiten zu zweit.
- Sie treffen sich an den im Klassenraum gekennzeichneten Chatpoints.
- Dort liest ein Partner die Aufgabenstellung vor, die zu einem Zahlenrätsel gehört.
- Beide Partner beraten und diskutieren Lösungswege. Sie dürfen sich Notizen machen.

Beispiele:
3. *Klasse:*

Drei Zahlen ergeben zusammen 500. Die erste Zahl ist 200. Finde mit deinem Partner mindestens drei Möglichkeiten für die zweite und dritte Zahl!	Die Summe von drei Zahlen ist 600. Die erste Zahl ist 150. Finde mit deinem Partner mindestens drei Möglichkeiten für die zweite und dritte Zahl!	Die erste Zahl ist 200. Die zweite Zahl ist das Doppelte der ersten Zahl. Die Summe der drei Zahlen ist 1 000. Wie heißt die dritte Zahl?

Aufgabenformat Nr. 9

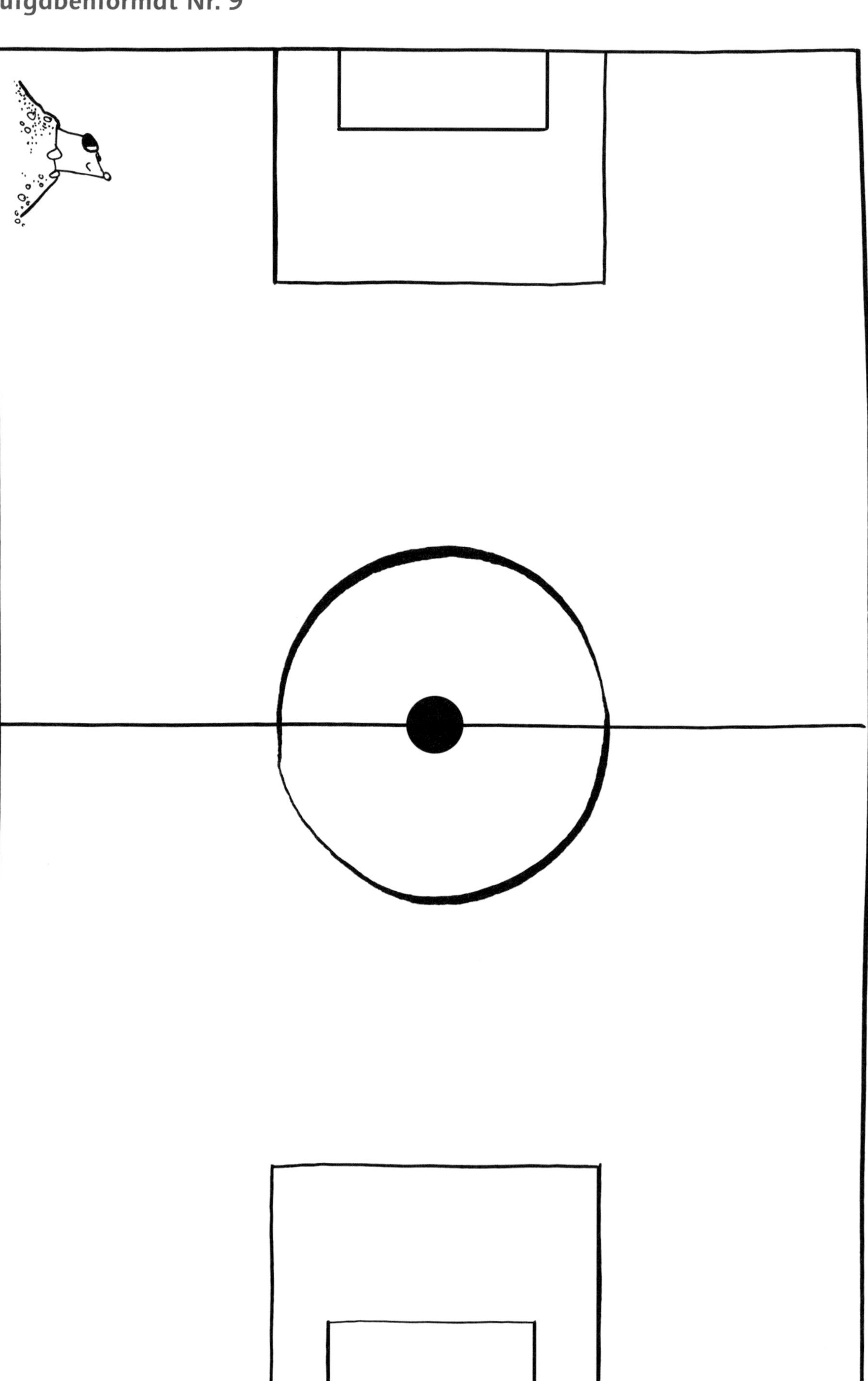

Koch / Wagner · Kopfrechnen · 1.–4. Klasse · Illustration: Franziska Wittwer (Kopf- und Fußzeile), Liliane Oser

Aufgabenformat Nr. 12

___ + ___ = ___	___ + ___ = ___
___ + ___ = ___	___ + ___ = ___
___ + ___ = ___	___ + ___ = ___
___ + ___ = ___	___ + ___ = ___
4 + 6 = ___	14 + 6 = ___
5 + 5 = ___	**15 + 5 =** ___
6 + 4 = ___	16 + 4 = ___
7 + 3 = ___	17 + 3 = ___
___ + ___ = ___	___ + ___ = ___
___ + ___ = ___	___ + ___ = ___
___ + ___ = ___	___ + ___ = ___

Koch / Wagner · Kopfrechnen · 1.–4. Klasse · Illustration: Franziska Wittwer

Aufgabenformat Nr. 12 **(Differenzierung)**

___ + ___ = ___	___ – ___ = ___	___ – ___ = ___
___ + ___ = ___	___ – ___ = ___	___ – ___ = ___
___ + ___ = ___	___ – ___ = ___	___ – ___ = ___
___ + ___ = ___	___ – ___ = ___	___ – ___ = ___
4 + 6 = ___	10 – 6 = ___	20 – 6 = 14
5 + 5 = ___	**10 – 5 = ___**	**20 – 5 = 15**
6 + 4 = ___	10 – 4 = ___	20 – 4 = 16
7 + 3 = ___	10 – 3 = ___	20 – 3 = 17
___ + ___ = ___	___ – ___ = ___	___ – ___ = ___
___ + ___ = ___	___ – ___ = ___	___ – ___ = ___
___ + ___ = ___	___ – ___ = ___	___ – ___ = ___

Koch / Wagner · Kopfrechnen · 1.–4. Klasse · Illustration: Franziska Wittwer

Aufgabenformat Nr. 12

____	+	____	=	____	____	–	____	=	____
____	+	____	=	____	____	–	____	=	____
____	+	____	=	____	____	–	____	=	____
____	+	____	=	____	____	–	____	=	____
94	+	6	=	____	100	–	6	=	____
95	**+**	**5**	**=**	____	**100**	**–**	**5**	**=**	____
96	+	4	=	____	100	–	4	=	____
97	+	3	=	____	100	–	3	=	____
____	+	____	=	____	____	–	____	=	____
____	+	____	=	____	____	–	____	=	____
____	+	____	=	____	____	–	____	=	____

Koch / Wagner · Kopfrechnen · 1.–4. Klasse · Illustration: Franziska Wittwer

Aufgabenformat Nr. 12 **(Differenzierung a)**

___	·	___	=	___		___	:	___	=	___
___	·	___	=	___		___	:	___	=	___
___	·	___	=	___		___	:	___	=	___
___	·	___	=	___		___	:	___	=	___
4	·	5	=	___		20	:	5	=	___
5	**·**	**5**	**=**	___		**25**	**:**	**5**	**=**	___
6	·	5	=	___		30	:	5	=	___
7	·	5	=	___		35	:	5	=	___
___	·	___	=	___		___	:	___	=	___
___	·	___	=	___		___	–	___	=	___
___	·	___	=	___		___	–	___	=	___

Aufgabenformat Nr. 12 **(Differenzierung b und c)**

1 · ___ = 3	3 : ___ = 1
2 · ___ = 6	6 : ___ = 2
3 · ___ = 9	**9 : ___ = 3**
4 · ___ = ___	12 : ___ = ___
5 · ___ = ___	___ : ___ = ___
6 · ___ = ___	___ : ___ = ___
7 · ___ = ___	___ : ___ = ___
8 · ___ = ___	___ : ___ = ___
9 · ___ = ___	___ : ___ = ___
10 · ___ = ___	___ : ___ = ___

1 · 1 = ___	1 : 1 = ___
2 · 2 = ___	4 : 2 = ___
3 · 3 = ___	9 : 3 = ___
4 · 4 = ___	16 : ___ = ___
5 · 5 = ___	___ : ___ = ___
6 · 6 = ___	___ : ___ = ___
7 · 7 = ___	___ : ___ = ___
8 · 8 = ___	___ : ___ = ___
9 · 9 = ___	___ : ___ = ___
10 · 10 = ___	___ : ___ = ___

Koch / Wagner · Kopfrechnen · 1.–4. Klasse · Illustration: Franziska Wittwer

Aufgabenformat Nr. 12

250	+	750	=	1 000	⟶	1 000	–	750	=	250
		↕						↕		
750	+	250	=	1 000	⟶	1 000	–	250	=	750
350	+	______	=	1 000	⟶	______	–	______	=	______
		↕						↕		
______	+	350	=	1 000	⟶	______	–	______	=	______
450	+	______	=	1 000	⟶	1 000	–	______	=	450
		↕						↕		
______	+	450	=	1 000	⟶	1 000	–	450	=	______

Erstelle zwei **neue** Rechenpäckchen dieser Art und begründe, warum es nur **zwei neue** gibt!

______	+	______	=	1 000	⟶	1 000	–	______	=	______
		↕						↕		
______	+	______	=	1 000	⟶	1 000	–	______	=	______
______	+	______	=	1 000	⟶	1 000	–	______	=	______
		↕						↕		
______	+	______	=	1 000	⟶	1 000	–	______	=	______

Begründung: ____

____

____

Koch / Wagner · Kopfrechnen · 1.–4. Klasse · Illustration: Franziska Wittwer

Aufgabenformat Nr. 12 (Differenzierung Quadratzahlen)

1 · 1 = ____	1 · **10** = ____
2 · 2 = ____	2 · **20** = ____
3 · 3 = ____	3 · ____ = ____
4 · 4 = ____	4 · ____ = ____
5 · 5 = ____	____ · ____ = ____
6 · 6 = ____	____ · ____ = ____
7 · 7 = ____	____ · ____ = ____
8 · 8 = ____	____ · ____ = ____
9 · 9 = ____	____ · ____ = ____
10 · 10 = ____	____ · ____ = ____

Was fällt dir auf? Begründung: ____________________

____

____

____

____

Koch / Wagner · Kopfrechnen · 1.–4. Klasse · Illustration: Franziska Wittwer

Aufgabenformat Nr. 12 **(Differenzierung – Teilen mit Quadratzahlen)**

10	:	1	=	______	100	:	**10**	= ______
40	:	2	=	______	400	:	**20**	= ______
90	:	3	=	______	900	**:**	______	= ______
160	:	4	=	______	1600	:	______	= ______
250	:	5	=	______	2500	:	50	= ______
360	:	6	=	______	______	:	______	= ______
490	:	7	=	______	______	:	______	= ______
640	:	8	=	______	______	:	______	= ______
810	:	9	=	______	______	:	______	= ______
1000	:	10	=	______	______	:	______	= ______

Was fällt dir auf? Begründung: ______________________________

____

____

____

____

Aufgabenformat Nr. 14

1	2	3	4	5	6	7	8	9	10
11	12	13	14	15	16	17	18	19	20
21	22	23	24	25	26	27	28	29	30
31	32	33	34	35	36	37	38	39	40
41	42	43	44	45	46	47	48	49	50
51	52	53	54	55	56	57	58	59	60
61	62	63	64	65	66	67	68	69	70
71	72	73	74	75	76	77	78	79	80
81	82	83	84	85	86	87	88	89	90
91	92	93	94	95	96	97	98	99	100

Koch / Wagner · Kopfrechnen · 1.–4. Klasse · Illustration: Franziska Wittwer

Aufgabenformat Nr. 15

1	2	3	4	5	6
7	8	9	0	1	2
3	4	5	6	7	8
9	0	1	2	3	4
5	6	7	8	9	0
1	2	3	4	5	6

Koch / Wagner · Kopfrechnen · 1.–4. Klasse · Illustration: Franziska Wittwer

Aufgabenformat Nr. 18

Aufgabenformat Nr. 20

0 + 2 (2)	3 + 6 (9)	2 + 5 (7)	10 + 10 (20)	13 + 5 (18)
1 + 1 (2)	7 + 2 (9)	9 – 2 (7)	20 – 0 (20)	9 + 9 (18)
16 + 4 (20)	14 – 8 (6)	4 + 9 (13)	7 + 8 (15)	14 – 3 (11)
20 – 8 (12)	15 – 9 (6)	7 + 6 (13)	20 – 5 (15)	4 + 7 (11)

Koch / Wagner · Kopfrechnen · 1.–4. Klasse · Illustration: Franziska Wittwer

Umkehraufgaben

Hier müssen die Ergebnisse der Umkehraufgaben übereinstimmen, damit die Partner sich finden.

13 – 5 (8 + 5 = 13)	4 + 6 (10 – 6 = 4)	8 + 3 (11 – 3 = 8)	14 – 7 (7 + 7 = 14)	9 + 9 (18 – 9 = 9)
13 – 9 (4 + 9 = 13)	4 + 5 (9 – 5 = 4)	8 + 2 (10 – 2 = 8)	14 – 9 (5 + 9 = 14)	9 – 5 (4 + 5 = 9)
5 + 4 (9 – 4 = 5)	15 – 5 (10 + 5 = 15)	6 + 6 (12 – 6 = 6)	3 + 7 (10 – 7 = 3)	2 + 7 (9 – 7 = 2)
5 + 6 (11 – 6 = 5)	15 – 8 (7 + 8 = 15)	6 – 4 (2 + 4 = 6)	3 + 6 (9 – 6 = 3)	2 + 6 (8 – 6 = 2)

Koch / Wagner · Kopfrechnen · 1.–4. Klasse · Illustration: Franziska Wittwer

© 2018 Cornelsen Verlag GmbH, Berlin. Alle Rechte vorbehalten. Die Vervielfältigung dieser Seite ist für den eigenen Unterrichtsgebrauch gestattet. Für inhaltliche Veränderungen durch Dritte übernimmt der Verlag keine Verantwortung.

KV Partnersuche – 2. Klasse

Aufgabenformat Nr. 20

20 + 30 (50)	60 – 10 (50)	90 – 20 (70)	100 – 30 (70)	75 + 15 (90)
100 – 10 (90)	45 + 50 (95)	100 – 5 (95)	46 + 46 (92)	50 + 42 (92)
44 – 30 (14)	54 – 40 (14)	55 + 45 (100)	10 · 10 (100)	64 + 17 (81)
9 · 9 (81)	8 · 8 (64)	100 – 36 (64)	7 · 7 (49)	60 – 11 (49)
6 · 6 (36)	20 + 16 (36)	5 · 5 (25)	50 – 25 (25)	

Koch / Wagner · Kopfrechnen · 1.–4. Klasse · Illustration: Franziska Wittwer

KV Partnersuche – 3. Klasse

Aufgabenformat Nr. 20

200 + 300 (500)	600 – 100 (500)	900 – 200 (700)	1 000 – 300 (700)	750 + 150 (900)
1 000 – 100 (900)	450 + 500 (950)	1 000 – 50 (950)	460 + 460 (920)	500 + 420 (920)
550 + 450 (1 000)	100 · 10 (1 000)	540 – 400 (140)	440 – 300 (140)	90 · 9 (810)
640 + 170 (810)	1 000 –360 (640)	8 · 80 (640)	600 – 110 (490)	70 · 7 (490)
200 + 160 (360)	6 · 60 (360)	50 · 5 (250)	500 : 2 (250)	

© 2018 Cornelsen Verlag GmbH, Berlin. Alle Rechte vorbehalten. Die Vervielfältigung dieser Seite ist für den eigenen Unterrichtsgebrauch gestattet. Für inhaltliche Veränderungen durch Dritte übernimmt der Verlag keine Verantwortung.

Koch / Wagner · Kopfrechnen · 1.–4. Klasse · Illustration: Franziska Wittwer

Aufgabenformat Nr. 20

2000 + 3000 (5000)	6000 – 1000 (5000)	9000 – 2000 (7000)	10000 – 3000 (7000)	7500 + 1500 (9000)
10000 – 500 (9500)	4600 + 4600 (9200)	5000 + 4200 (9200)	4400 – 3000 (1400)	5400 – 4000 (1400)
6400 + 1700 (8100)	90 · 90 (8100)	80 · 80 (6400)	10000 – 3600 (6400)	70 · 70 (4900)
2000 + 1600 (3600)	50 · 50 (2500)	5000 : 2 (2500)	40 · 40 (1600)	5000 – 3400 (1600)
1600 + 3400 (5000)	10000 : 2 (5000)	4500 + 5000 (9500)	100 · 100 (10000)	60 · 60 (3600)
5500 + 4500 (10000)	6000 – 1100 (4900)	10000 – 1000 (9000)		

Koch / Wagner · Kopfrechnen · 1.–4. Klasse · Illustration: Franziska Wittwer

KV Kopfrechen-Walk - 1. Klasse

Aufgabenformat Nr. 21

* 5 + 4 (9)	* 2 + 5 (7)	* 3 + 3 (6)	* 1 + 8 (9)	* 4 + 3 (7)
* 0 + 5 (5)	* 4 + 5 (9)	* 11 + 4 (15)	** 20 – 8 (12)	** 19 – 6 (13)
** 14 – 3 (11)	** 12 – 2 (10)	** 15 – 3 (12)	** 12 – 3 (9)	** 14 – 7 (7)
** 16 – 8 (8)	*** 19 – 9 (10)	*** 15 + 5 (20)	*** 8 + 7 (15)	*** 6 + 8 + 2 (16)
*** 14 – 8 – 3 (3)	*** 17 – 3 – 4 (10)	*** 13 – 5 – 3 (5)	*** 4 + 5 + 6 (15)	*** 11 – 3 + 9 (17)

Koch / Wagner · Kopfrechnen · 1.–4. Klasse · Illustration: Franziska Wittwer

KV Kopfrechen-Walk - 2. Klasse

Aufgabenformat Nr. 21

* 50 + 40 (90)	* 20 + 50 (70)	* 30 + 30 (60)	* 10 + 80 (90)	* 40 + 30 (70)
* 0 + 50 (50)	* 40 + 50 (90)	* 11 + 40 (51)	** 90 – 8 (82)	** 89 – 6 (83)
** 74 – 3 (71)	** 52 – 2 (50)	** 45 – 3 (42)	** 32 – 3 (29)	** 64 – 7 (57)
** 96 – 8 (88)	*** 90 – 9 (81)	*** 50 + 49 (99)	*** 80 + 12 (92)	*** 6 + 8 + 20 (34)
*** 54 – 8– 4 (42)	*** 37 – 3 – 4 (30)	*** 43 – 5 – 3 (35)	*** 34 + 5 + 6 (45)	*** 81 – 3 + 9 (87)

© 2018 Cornelsen Verlag GmbH, Berlin. Alle Rechte vorbehalten. Die Vervielfältigung dieser Seite ist für den eigenen Unterrichtsgebrauch gestattet. Für inhaltliche Veränderungen durch Dritte übernimmt der Verlag keine Verantwortung.

Koch / Wagner · Kopfrechnen · 1.–4. Klasse · Illustration: Franziska Wittwer

KV Kopfrechen-Walk – 2. Klasse

Aufgabenformat Nr. 21

* 3 · 3 (9)	* 7 · 5 (35)	* 9 · 5 (45)	* 4 · 4 (16)	* 5 · 5 (25)
* 2 · 4 (8)	* 5 · 10 (50)	* 7 · 1 (7)	** 81 : 9 (9)	** 49 : 7 (7)
** 25 : 5 (5)	** 64 : 8 (8)	** 16 : 4 (4)	** 36 : 6 (6)	** 10 : 2 (5)
** 14 : 2 (7)	*** 4 · 4 + 3 (19)	*** 5 · 5 – 6 (19)	*** 7 · 7 – 10 (39)	*** 8 · 8 – 24 (40)
*** 9 · 9 +19 (100)	*** 6 · 6 + 14 (50)	*** 5 · 5 + 35 (60)	*** 50 : 2 : 5 (5)	*** 81 : 9 – 4 (5)

Koch / Wagner · Kopfrechnen · 1.–4. Klasse · Illustration: Franziska Wittwer

KV Kopfrechen-Walk – 3. Klasse

Aufgabenformat Nr. 21

* 500 + 400 (900)	* 200 + 500 (700)	* 300 + 300 (600)	* 100 + 800 (900)	* 400 + 300 (700)
* 10 + 490 (500)	* 400 + 500 (900)	* 110 + 400 (510)	** 900 – 80 (820)	** 890 – 60 (830)
** 740 – 30 (710)	** 520 – 20 (500)	** 450 – 30 (420)	** 320 – 30 (290)	** 640 – 70 (570)
** 960 – 80 (880)	*** 900 – 9 (891)	*** 500 + 490 (990)	*** 800 + 120 (920)	*** 60 + 80 + 20 (160)
*** 540 – 120 (420)	*** 370 – 7 (363)	*** 430 – 53 (377)	*** 340 + 115 (455)	*** 810 – 39 (771)

Koch / Wagner · Kopfrechnen · 1.–4. Klasse · Illustration: Franziska Wittwer

Aufgabenformat Nr. 26

* 5000 + 4000 (9000)	* 2000 + 5000 (7000)	* 3000 + 3000 (6000)	* 1000 + 8000 (9000)	* 4000 + 3000 (7000)
* 100 + 40 (140)	* 440 + 530 (970)	* 115 + 5 (120)	** 9000 – 800 (8200)	** 8900 – 600 (8300)
** 7400 – 300 (7100)	** 5200 – 200 (5000)	** 4500 – 300 (4200)	** 320 – 30 (290)	** 640 – 500 (140)
** 960 – 90 (870)	*** 9000 – 9 (8991)	*** 5000 + 4900 (9900)	*** 800 + 1220 (2020)	*** 600 + 80 + 20 (700)
*** 5400 – 120 (5280)	*** 370 – 71 (299)	*** 430 – 83 (347)	*** 640 + 165 (805)	*** 910 – 39 (871)

37	+	23	=	____	(60)
48	+	34	=	____	(82)
93	–	27	=	____	(66)
85	–	29	=	____	(56)
80	–	____	=	31	(49)
98	–	____	=	39	(59)
17	+	____	=	73	(56)
____	–	26	=	62	(88)

45	+	24	=	____	(69)
33	+	47	=	____	(80)
77	–	26	=	____	(51)
83	–	55	=	____	(28)
12	+	88	=	____	(100)
____	+	27	=	82	(55)
____	–	15	=	83	(98)
22	–	____	=	8	(14)

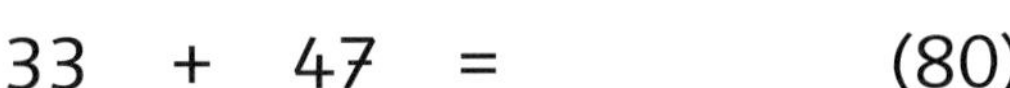

Koch / Wagner · Kopfrechnen · 1.–4. Klasse · Illustration: Franziska Wittwer (Kopf- und Fußzeile), Liliane Oser

Aufgabenformat Nr. 22 **(Zahlenraum bis 1000)**

320	:	80	=	______	(4)
640	:	4	=	______	(160)
990	:	9	=	______	(110)
630	:	70	=	______	(9)
810	:	______	=	90	(9)
450	:	______	=	5	(90)
______	:	6	=	60	(360)
______	:	40	=	7	(280)

450	:	50	=	______	(9)
270	:	90	=	______	(3)
320	:	4	=	______	(80)
630	:	7	=	______	(90)
120	:	______	=	20	(6)
______	:	9	=	50	(450)
______	:	8	=	70	(560)
220	:	4	=	______	(55)

Koch / Wagner · Kopfrechnen · 1.–4. Klasse · Illustration: Franziska Wittwer (Kopf- und Fußzeile), Liliane Oser

70 · 8 = ______ (560)

5 · 90 = ______ (450)

9 · 110 = ______ (990)

8 · 30 = ______ (240)

7 · ______ = 490 (70)

40 · ______ = 120 (3)

______ · 9 = 900 (100)

______ · 9 = 999 (111)

9 · 82 = ______ (738)

6 · 62 = ______ (372)

8 · 88 = ______ (704)

7 · 73 = ______ (511)

11 · ______ = 99 (9)

______ · 9 = 459 (51)

______ · 8 = 568 (71)

______ · 4 = 1000 (250)

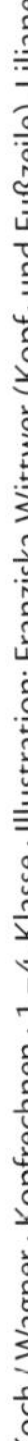
Koch / Wagner · Kopfrechnen · 1.–4. Klasse · Illustration: Franziska Wittwer (Kopf- und Fußzeile), Liliane Oser

Aufgabenformat Nr. 22 **(Zahlenraum bis 1000)**

370 + 23 = ____ (393)

480 + 30 = ____ (510)

930 − 270 = ____ (660)

850 − 29 = ____ (821)

800 − ____ = 300 (500)

980 − ____ = 889 (91)

170 + ____ = 256 (86)

____ + 260 = 600 (340)

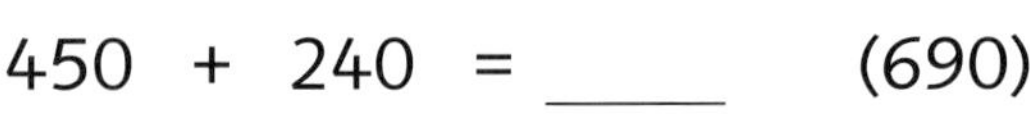

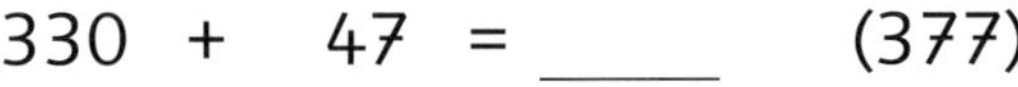

450 + 240 = ____ (690)

330 + 47 = ____ (377)

770 − 269 = ____ (501)

831 − 500 = ____ (331)

120 + 88 = ____ (208)

____ + 270 = 820 (550)

____ − 150 = 600 (750)

220 − 4 = 8 (212)

Koch / Wagner · Kopfrechnen · 1.–4. Klasse · Illustration: Franziska Wittwer (Kopf- und Fußzeile), Liliane Oser

37 + 23 = ______ (60)

48 + 34 = ______ (82)

93 – 27 = ______ (66)

85 – 29 = ______ (56)

80 – ______ = 31 (49)

98 – ______ = 39 (59)

17 + ______ = 73 (56)

______ + 26 = 62 (36)

45 + 24 = ______ (69)

33 + 47 = ______ (80)

77 – 26 = ______ (51)

83 – 55 = ______ (28)

12 + 88 = ______ (100)

______ + 27 = 82 (55)

______ – 15 = 83 (98)

22 – ______ = 8 (14)

Koch / Wagner · Kopfrechnen · 1.–4. Klasse · Illustration: Franziska Wittwer (Kopf- und Fußzeile), Liliane Oser

Aufgabenformat Nr. 22 **(Zahlenraum bis 1 000 000)**

3 200 : 800 = ______ (4)

6 600 : 6 = ______ (1 100)

9 900 : 9 = ______ (1 100)

6 300 : 70 = ______ (90)

8 100 : ______ = 900 (9)

4 500 : ______ = 5 (900)

______ : 60 = 60 (3 600)

______ : 40 = 70 (2 800)

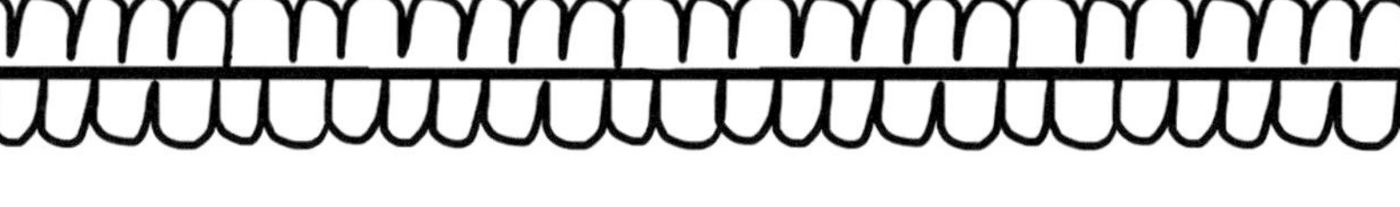

4 500 : 50 = ______ (90)

27 000 : 90 = ______ (300)

3 200 : 4 = ______ (800)

6 300 : 700 = ______ (9)

12 000 : ______ = 12 (1 000)

______ : 90 = 50 (4 500)

______ : 80 = 700 (56 000)

2 200 : 4 = ______ (550)

Koch / Wagner · Kopfrechnen · 1.–4. Klasse · Illustration: Franziska Wittwer (Kopf- und Fußzeile), Liliane Oser

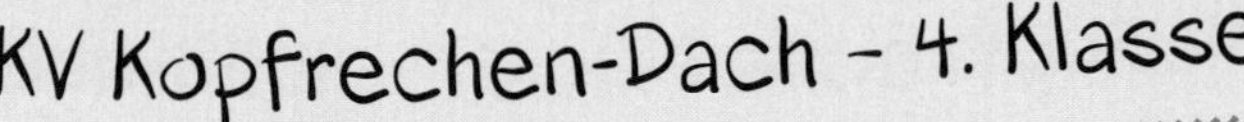

Aufgabenformat Nr. 22 **(Zahlenraum bis 1 000 000)**

700	·	8	=	____	(5 600)
5	·	900	=	____	(4 500)
90	·	110	=	____	(9 900)
80	·	30	=	____	(2 400)
70	·	____	=	4 900	(70)
400	·	____	=	1 200	(3)
____	·	6	=	6 000	(1 000)
____	·	9	=	9 999	(1 111)

9	·	800	=	____	(7 200)
6	·	600	=	____	(3 600)
8	·	8 000	=	____	(64 000)
7	·	700	=	____	(4 900)
11	·	____	=	990	(90)
____	·	90	=	4 500	(50)
____	·	80	=	5 600	(70)
____	·	40	=	10 000	(250)

Koch / Wagner · Kopfrechnen · 1.–4. Klasse · Illustration: Franziska Wittwer (Kopf- und Fußzeile), Liliane Oser

Aufgabenformat Nr. 22 (Zahlenraum bis 1 000 000)

3 700 + 230 = ______ (3 930)

4 800 + 3 000 = ______ (7 800)

93 000 – 2 000 = ______ (91 000)

85 000 – 29 = ______ (84 971)

80 000 – ______ = 3 000 (77 000)

98 000 – ______ = 89 000 (9 000)

17 000 + ______ = 25 600 (8 600)

______ + ______ = 6 000 (3 400)

4 500 + 2 400 = ______ (6 900)

3 300 + 47 = ______ (3 347)

7 700 – 2 690 = ______ (5 010)

83 100 – 500 = ______ (82 600)

12 000 + 8 800 = ______ (20 800)

______ + 2 700 = 8 200 (5 500)

______ – 1 500 = 6 000 (7 500)

22 000 – ______ = 8 (21 992)

Koch / Wagner · Kopfrechnen · 1.–4. Klasse · Illustration: Franziska Wittwer (Kopf- und Fußzeile), Liliane Oser

Aufgabenformat Nr. 23

10 + 2	9 + 5	4 + 4	4 + 5
6 + 6	5 + 9	16 – 8	18 – 9
9 – 7	12 – 7	3 + 3	12 – 4
10 – 8	13 – 8	15 – 9	19 – 11
1 + 2	5 + 5	3 + 4	2 + 3
9 – 6	20 – 10	14 – 7	17 – 12

Koch / Wagner · Kopfrechnen · 1.–4. Klasse · Illustration: Franziska Wittwer

Aufgabenformat Nr. 23

5 · 2	10 · 1	10 : 2	20 : 4	4 · 5	5 · 4
10 · 4	8 · 5	5 · 5	25 : 5	8 · 2	8 + 8
4 · 4	20 – 4	3 · 2	20 – 14	6 · 2	50 – 38
9 · 5	50 – 5	7 · 5	50 – 15	8 · 5	100 – 60
19 – 6	10 + 3	100 – 8	90 + 2	60 + 6	72 – 6
70 – 30	20 + 20	20 + 80	80 + 20	100 – 85	10 + 5
95 – 83	100 – 88	45 – 19	13 + 13	25 + 25	30 + 20
60 – 20	20 + 20	65 – 35	15 + 15	100 – 10	45 + 45

Koch / Wagner · Kopfrechnen · 1.–4. Klasse · Illustration: Franziska Wittwer

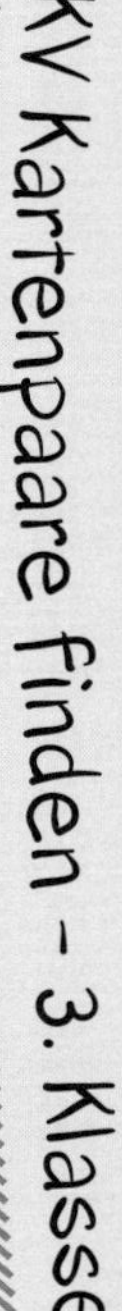

Aufgabenformat Nr. 23

Koch / Wagner · Kopfrechnen · 1.–4. Klasse · Illustration: Franziska Wittwer

9 · 9	100 – 19	8 · 8	100 – 36	7 · 7	60 – 11
6 · 6	100 – 64	5 · 5	100 : 4	3 · 3	18 : 2
2 · 2	100 : 25	4 · 4	8 · 2	6 · 9	70 – 16
9 · 8	90 – 18	7 · 6	50 – 8	8 · 3	2 · 12
900 + 87	1 000 – 13	280 + 720	900 + 100	490 + 110	300 + 300
350 + 450	400 + 400	500 + 500	300 + 700	320 + 180	1 000 : 2
987 – 57	890 + 40	900 – 45	1 000 – 145	100 + 25	1 000 : 8
360 + 540	450 + 450	220 + 220	550 – 110	770 – 370	180 + 220

Aufgabenformat Nr. 23

4 · 250	10 000 : 10	9 · 900	10 000 – 1 900	10 000 : 4	5 000 : 2
6 300 : 90	7 · 10	80 · 80	3 200 · 2	70 · 70	5 000 – 100
12 · 12	36 · 4	60 · 8	500 – 20	30 · 70	3 000 – 900
720 : 9	40 + 40	810 : 90	3 · 3	490 : 7	50 + 20
2 500 + 1 200	3 000 + 700	2 800 + 7 200	5 000 + 5 000	4 900 – 900	1 800 + 2 200
7 600 – 45	7 500 + 55	3 500 + 3 500	4 500 + 2 500	100 000 – 5 000	89 000 + 6 000
90 000 + 9 999	100 000 – 1	50 000 + 25 000	100 000 – 25 000	98 765	98 700 + 65
97 531	90 000 + 7 531	86 420	87 000 – 580	44 440	88 880 : 2

Koch / Wagner · Kopfrechnen · 1.–4. Klasse · Illustration: Franziska Wittwer

Plusaufgaben ohne Zehnerübergang bis 20

Start	3 + 6	9	2 + 8	10	4 + 4	8	4 + 5
9	1 + 4	5	1 + 2	3	4 + 2	6	Ende

Plusaufgaben mit Zehnerübergang bis 20

Start	3 + 8	11	7 + 6	13	4 + 8	12	8 + 8
16	8 + 7	15	6 + 8	14	10 + 10	20	Ende

Minusaufgaben ohne Zehnerübergang bis 20

Start	10 – 7	3	8 – 7	1	4 – 2	2	9 – 2
7	9 – 5	4	10 – 2	8	10 – 1	9	Ende

Minusaufgaben mit Zehnerübergang bis 20

Start	13 – 6	7	12 – 8	4	14 – 5	9	13 – 5
8	15 – 10	5	12 – 9	3	11 – 10	1	Ende

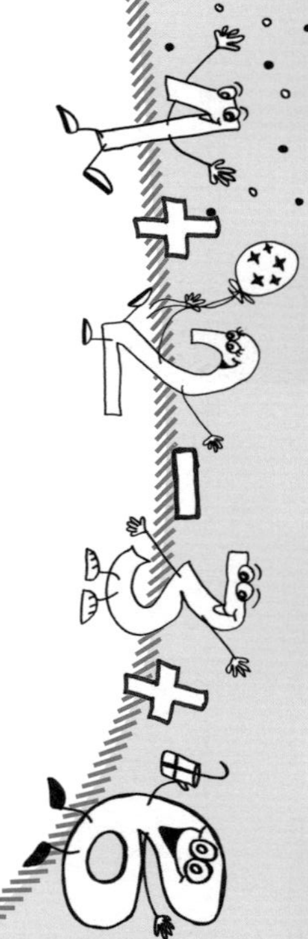

Aufgabenformat Nr. 24

Plusaufgaben ohne Zehnerübergang (bis 100)

Start	23 + 6	29	72 + 8	80	44 + 4	48	64 + 5
69	62 + 5	67	81 + 2	83	94 + 2	96	Ende

Plusaufgaben mit Zehnerübergang (ZE + ZE bis 100)

Start	73 + 18	91	67 + 16	83	24 + 18	42	48 + 18
66	28 + 17	45	66 + 18	84	55 + 26	81	Ende

Minusaufgaben ohne Zehnerübergang (ZE – E bis 100)

Start	30 – 7	23	88 – 7	81	44 – 2	42	39 – 2
37	99 – 5	94	50 – 2	48	80 – 1	79	Ende

Minusaufgaben mit Zehnerübergang (ZE – ZE bis 100)

Start	73 – 16	57	62 – 18	44	74 – 35	39	73 – 15
58	85 – 11	74	92 – 29	63	61 – 39	22	Ende

Malaufgaben (Kernaufgaben)

Start	$5 \cdot 5$	25	$5 \cdot 8$	40	$4 \cdot 4$	16	$8 \cdot 4$
32	$2 \cdot 5$	10	$7 \cdot 10$	70	$4 \cdot 2$	8	Ende

Malaufgaben (Quadratzahlen)

Start	$7 \cdot 7$	49	$8 \cdot 8$	64	$4 \cdot 4$	16	$5 \cdot 5$
25	$3 \cdot 3$	9	$2 \cdot 2$	4	$6 \cdot 6$	36	Ende

Malaufgaben mit Plusaufgaben

Start	$3 \cdot 5 + 7$	22	$5 \cdot 8 + 9$	49	$3 \cdot 4 + 7$	19	$8 \cdot 4 + 3$
35	$2 \cdot 5 + 7$	17	$7 \cdot 10 + 4$	74	$4 \cdot 2 + 5$	13	Ende

Malaufgaben mit Quadratzahlen und Plusaufgaben

Start	$5 \cdot 5 + 7$	32	$8 \cdot 8 + 9$	73	$4 \cdot 4 + 9$	25	$3 \cdot 3 + 8$
17	$2 \cdot 2 + 7$	11	$6 \cdot 6 + 5$	41	$9 \cdot 9 + 5$	86	Ende

Aufgabenformat Nr. 24

Malaufgaben mit Minusaufgaben

Start	7 · 5 – 6	29	5 · 8 – 3	37	10 · 4 – 8	32	10 · 8 – 6
74	6 · 5 – 3	27	7 · 2 – 3	11	9 · 5 – 17	28	Ende

Malaufgaben mit Quadratzahlen und Minusaufgaben

Start	5 · 5 – 7	18	8 · 8 – 5	59	4 · 4 – 8	8	7 · 7 – 6
43	6 · 6 – 26	10	3 · 3 – 9	0	9 · 9 – 21	60	Ende

Koch / Wagner · Kopfrechnen · 1.–4. Klasse · Illustration: Franziska Wittwer

KV Domino – 3. Klasse

Aufgabenformat Nr. 24

Plusaufgaben ohne Hunderterübergang (bis 1 000)

Start	230 + 60	290	720 + 80	800	440 + 40	480	640 + 50
690	620 + 59	679	810 + 22	832	940 + 26	966	Ende

Plusaufgaben mit Hunderterübergang (HZE + Z bis 1 000)

Start	730 + 80	810	670 + 60	730	247 + 80	327	485 + 80
565	283 + 70	353	664 + 80	744	555 + 60	615	Ende

© 2018 Cornelsen Verlag GmbH, Berlin. Alle Rechte vorbehalten. Die Vervielfältigung dieser Seite ist für den eigenen Unterrichtsgebrauch gestattet. Für inhaltliche Veränderungen durch Dritte übernimmt der Verlag keine Verantwortung.

Koch / Wagner · Kopfrechnen · 1.–4. Klasse · Illustration: Franziska Wittwer

Aufgabenformat Nr. 24

Koch / Wagner · Kopfrechnen · 1.–4. Klasse · Illustration: Franziska Wittwer

Plusaufgaben mit Hunderterübergang (HZE + HZE bis 1 000)

Start	173 + 18	191	267 + 16	283	324 + 18	342	448 + 38
486	528 + 17	545	766 + 18	784	555 + 26	581	Ende

Minusaufgaben mit Hunderterübergang (HZE – H bis 1 000)

Start	730 – 600	130	428 – 200	228	543 – 500	43	237 – 100
137	678 – 400	278	932 – 200	732	836 – 100	736	Ende

Minusaufgaben mit Hunderterübergang (HZE – HZ bis 1 000)

Start	578 – 120	458	329 – 110	219	745 – 320	425	736 – 150
586	853 – 170	683	925 – 290	635	610 – 390	220	Ende

Minusaufgaben mit Hunderterübergang (HZE – HZE bis 1 000)

Start	987 – 111	876	987 – 222	765	987 – 333	654	987 – 444
543	987 – 666	321	987 – 777	210	987 – 888	99	Ende

Aufgabenformat Nr. 24

Malaufgaben

Start	5 · 9	45	7 · 8	56	6 · 4	24	9 · 4
36	9 · 3	27	6 · 7	42	9 · 7	63	Ende

Geteiltaufgaben ohne Rest

Start	49 : 7	7	64 : 8	8	24 : 4	6	20 : 5
4	21 : 7	3	40 : 2	20	60 : 30	2	Ende

Geteiltaufgaben mit Rest

Start	51 : 7	7 R2	69 : 8	8 R5	25 : 4	6 R1	23 : 5
4 R3	23 : 7	3 R2	5 : 2	2 R1	85 : 9	9 R4	Ende

Malaufgaben mit Plusaufgaben

Start	3 · 9 + 7	34	9 · 8 + 7	79	6 · 4 + 7	31	9 · 4 + 3
39	6 · 5 + 7	37	7 · 8 + 4	60	9 · 3 + 5	32	Ende

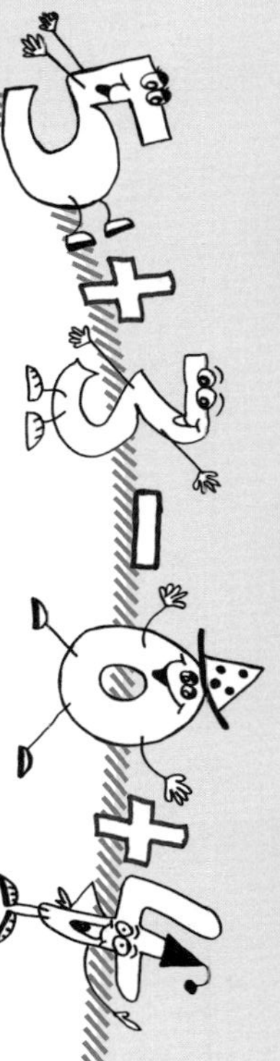

Aufgabenformat Nr. 24

Geteiltaufgaben mit Plusaufgaben

Start	45 : 9 + 4	9	56 : 7 + 9	17	56 : 8 + 4	11	27 : 3 + 7
16	42 : 6 + 11	18	72 : 8 + 21	30	35 : 7 + 76	81	Ende

Malaufgaben mit Minusaufgaben (ZE)

Start	7 · 8 – 16	40	9 · 8 – 13	59	9 · 4 – 18	18	6 · 8 – 26
22	6 · 9 – 21	33	7 · 8 – 29	27	9 · 6 – 17	37	Ende

Geteiltaufgaben minus Geteiltaufgaben

Start	56 : 7 – 24 : 8	5	72 : 9 – 64 : 8	0	49 : 7 – 3 : 3	6	100 : 10 – 81 : 9
1	16 : 4 – 4 : 2	2	32 : 8 – 9 : 9	3	100 : 10 – 9 : 3	7	Ende

Quadratzahlen minus ZE

Start	8 · 8 – 19	45	9 · 9 – 28	53	10 · 10 – 27	73	7 · 7 – 39
10	5 · 5 – 19	6	4 · 4 – 13	3	10 · 10 – 7 · 7	51	Ende

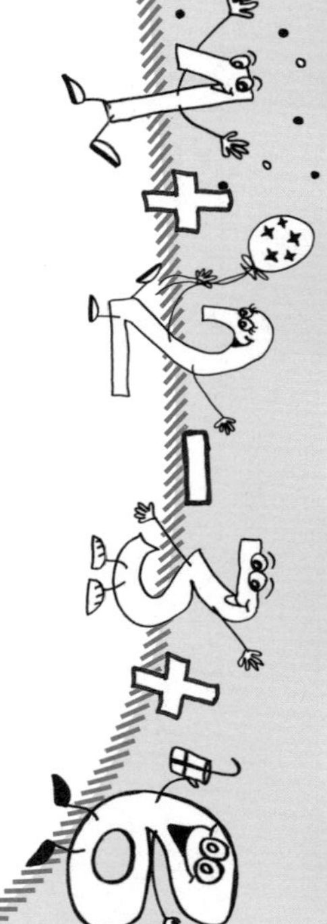

Aufgabenformat Nr. 24

Plusaufgaben ohne Tausenderübergang (bis 1 000 000)

Start	2 300 + 600	2 900	7 200 + 800	8 000	4 400 + 400	4 800	6 400 + 500
6 900	62 000 + 590	62 590	5 800 + 190	5 990	3 940 + 60	4 000	Ende

Plusaufgaben mit Tausenderübergang (THZE + T bis 1 000 000)

Start	6 790 + 2 000	8 790	8 724 + 3 000	11 724	2 389 + 7 000	9 389	4 758 + 8 000
12 758	2 830 + 13 000	15 830	6 640 + 8 000	14 640	5 555 + 5 000	10 555	Ende

Plusaufgaben mit Tausenderübergang (THZE + TH bis 1 000 000)

Start	4 786 + 1 200	5 986	4 786 + 2 200	6 986	4 786 + 3 200	7 986	12 232 + 6 400
18 632	87 540 + 2 100	89 640	36 621 + 3 300	39 921	45 733 + 7 100	52 833	Ende

Plusaufgaben mit Tausenderübergang (THZE + THZ bis 1 000 000)

Start	5 550 + 2 350	7 900	1 245 + 2 340	3 585	6 628 + 2 230	8 858	23 119 + 4 440
27 559	2 945 + 1 230	4 175	8 271 + 3 430	11 701	3 690 + 3 690	7 380	Ende

Aufgabenformat Nr. 24

Koch / Wagner · Kopfrechnen · 1.–4. Klasse · Illustration: Franziska Wittwer

Minusaufgaben ohne Tausenderübergang (THZE – T bis 1 000 000)

Start	73 000 – 6 000	67 000	42 800 – 2 000	40 800	54 321 – 5 000	49 321	23 718 – 4 000
19 718	67 899 – 9 000	58 899	93 255 – 5 000	88 255	83 680 – 8 000	75 680	Ende

Minusaufgaben mit Tausenderübergang (THZE – TH bis 1 000 000)

Start	87 400 – 3 500	83 900	66 666 – 7 600	59 066	81 189 – 2 100	79 089	56 780 – 6 800
49 980	12 350 – 1 100	11 250	34 999 – 5 900	29 099	21 222 – 2 200	19 022	Ende

Minusaufgaben mit Tausenderübergang (THZE – THZ bis 1 000 000)

Start	4 990 – 1 880	3 110	7 230 – 2 510	4 720	6 666 – 1 710	4 956	2 111 – 1 880
231	8 760 – 5 320	3 440	7 650 – 6 260	1 390	44 444 – 5 550	38 894	Ende

Minusaufgaben mit Tausenderübergang (THZE – THZE bis 1 000 000)

Start	9 999 – 8 888	1 111	7 777 – 6 543	1 234	40 000 – 1 230	38 770	76 544 – 5 433
71 111	32 008 – 2 028	29 980	4 321 – 3 220	1 101	4 309 – 3 819	490	Ende

Aufgabenformat Nr. 24

Malaufgaben mit Zehnerzahlen

Start	50 · 90	4500	7 · 80	560	60 · 4	240	90 · 40
3 600	9 · 30	270	60 · 70	4 200	9 · 70	630	Ende

Malaufgaben mit Hunderterzahlen

Start	5 · 900	4 500	700 · 8	5 600	60 · 400	24 000	900 · 4
3 600	900 · 300	270 000	60 · 700	42 000	9 · 700	6 300	Ende

Geteiltaufgaben durch Tausenderzahlen (ohne Rest)

Start	49 000 : 7 000	7	64 000 : 8 000	8	240 000 : 4 000	60	200 000 : 5 000
40	21 000 : 7 000	3	400 000 : 2 000	200	60 000 : 3 000	20	Ende

Geteiltaufgaben durch Hunderterzahlen (ohne Rest)

Start	49 000 : 700	70	64 000 : 800	80	240 000 : 400	600	20 000 : 500
40	210 000 : 700	300	4 000 : 200	20	60 000 : 300	200	Ende

Aufgabenformat Nr. 24

Koch / Wagner · Kopfrechnen · 1.–4. Klasse · Illustration: Franziska Wittwer

Geteiltaufgaben durch Zehnerzahlen (ohne Rest)

Start	81 000 : 90	900	6 400 : 80	80	240 000 : 40	6 000	20 000 : 50
400	21 000 : 70	300	40 000 : 20	2000	600 : 30	20	Ende

Geteiltaufgaben mit Rest

Start	5 010 : 50	100 R10	7 040 : 70	100 R40	6 320 : 900	7 R20	65 000 : 8 000
8 R1 000	6 400 : 700	9 R100	51 000 : 7 000	7 R2 000	330 : 80	4 R10	Ende

Malaufgaben mit Plusaufgaben

Start	30 · 90 + 700	3 400	90 · 800 + 70	72 070	600 · 40 + 10	24 010	90 · 40 + 50
3 650	60 · 500 + 7 000	37 000	700 · 80 + 5 120	61 120	90 · 70 + 801	7 101	Ende

Geteiltaufgaben mit Plusaufgaben

Start	4 500 : 9 + 502	1 002	560 : 70 + 8	16	5 600 : 8 + 7	707	32 000 : 8 + 4
4 004	4 500 : 900 + 550	555	8 100 : 90 + 9	99	1 000 : 10 + 10	110	Ende

Aufgabenformat Nr. 24

Umrechenaufgaben mit Längen

Start	2 km	2000 m	810 cm	8 m 10cm	30 mm	3 cm	½ km
500 m	¾ m	75 cm	1,5 km	1500 m	6 km 200 m	6200 m	Ende

Umrechenaufgaben mit Hohlmaßen

Start	1 l	1000 ml	½ l	500 ml	¼ l	250 ml	¾ l
750 ml	300 ml	0,3 l	1500 ml	1,5 l	3 hl 12 l	312 l	Ende

Umrechenaufgaben mit Gewichtsangaben

Start	1 t	1000 kg	2,5 kg	2500 g	7 g	0,007 kg	1 ¾ t
1750 kg	¼ t	250 kg	3,006 t	3006 kg	4000 g	4 kg	Ende

Umrechenaufgaben mit Zeiteinheiten

Start	3 h	180 min	30 min	½ h	1 Tag	24 h	¼ Tag
6 h	450 s	7 min 30 s	135 min	2 h 15 min	¾ h	45 min	Ende

Aufgabenformat Nr. 27

Koch / Wagner · Kopfrechnen · 1.–4. Klasse · Illustration: Franziska Wittwer

Zahl	das Doppelte	wenn möglich die Hälfte	Vorgänger	Nachfolger	+ oder – 15	nächster Zehner	vorhergehender Zehner	Punkte

Gesamtpunktzahl: ____________

Aufgabenformat Nr. 28

12	3	7	14	4
6	13	18	6	8
9	4	6	0	17
5	7	11	9	5
13	4	9	3	6

Koch / Wagner · Kopfrechnen · 1.–4. Klasse · Illustration: Franziska Wittwer

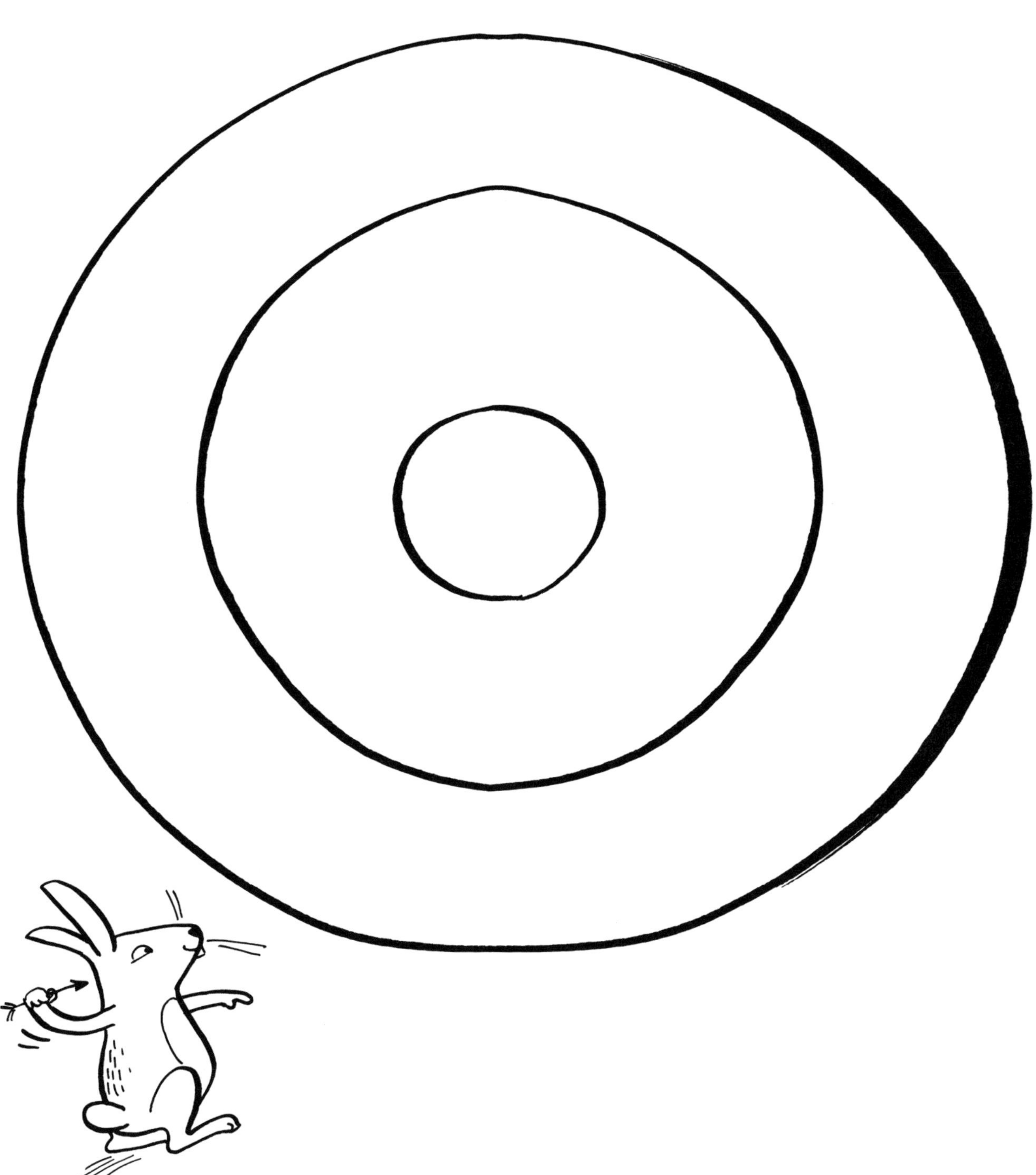

Koch / Wagner · Kopfrechnen · 1.–4. Klasse · Illustration: Franziska Wittwer (Kopf- und Fußzeile), Liliane Oser

Aufgabenformat Nr. 35

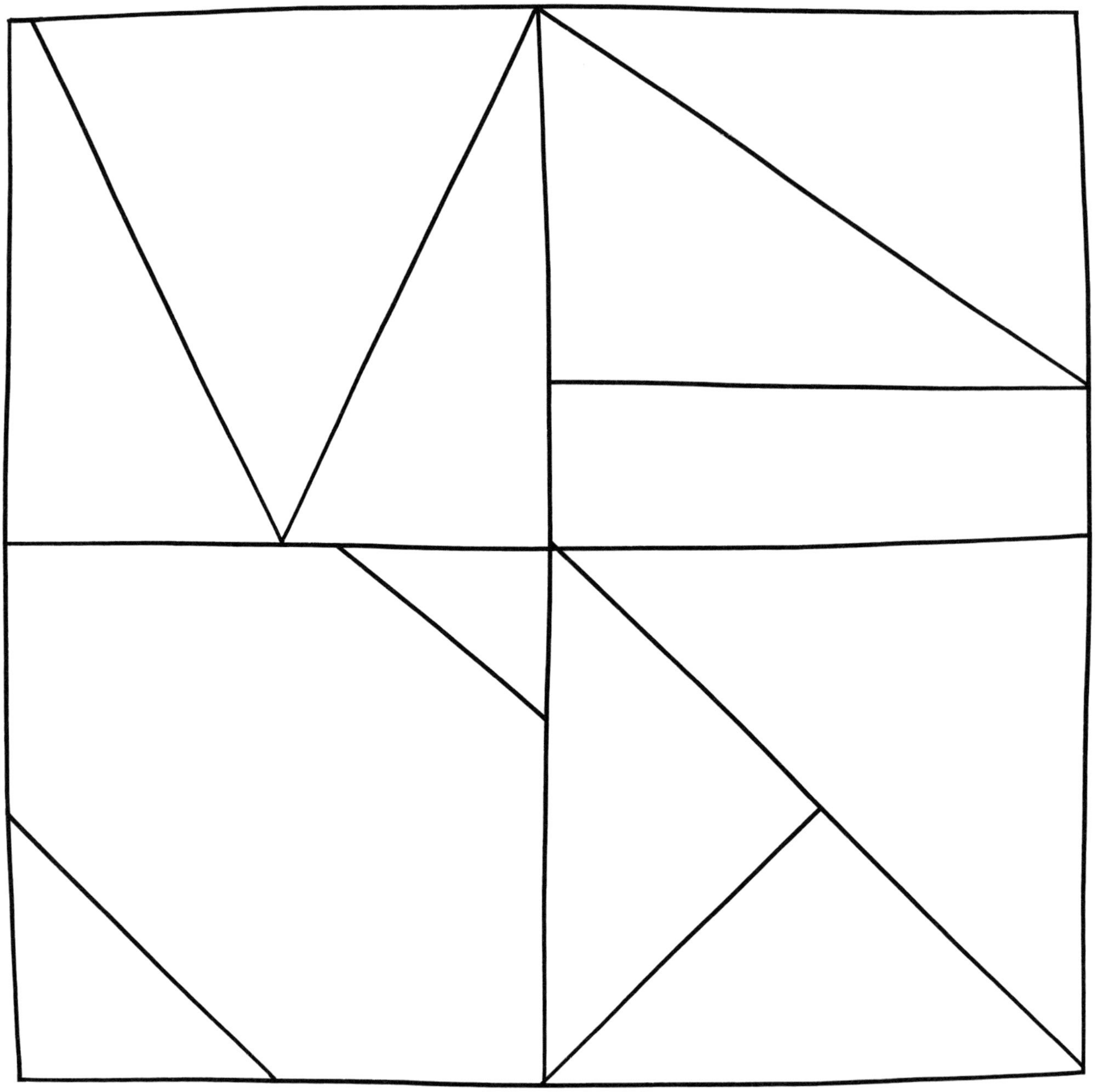

Koch / Wagner · Kopfrechnen · 1.–4. Klasse · Illustration: Franziska Wittwer (Kopf- und Fußzeile), Liliane Oser

Wie viele Dreiecke findest du? Aufgabenformat Nr. 36
Wie viele Vierecke findest du? Aufgabenformat Nr. 37

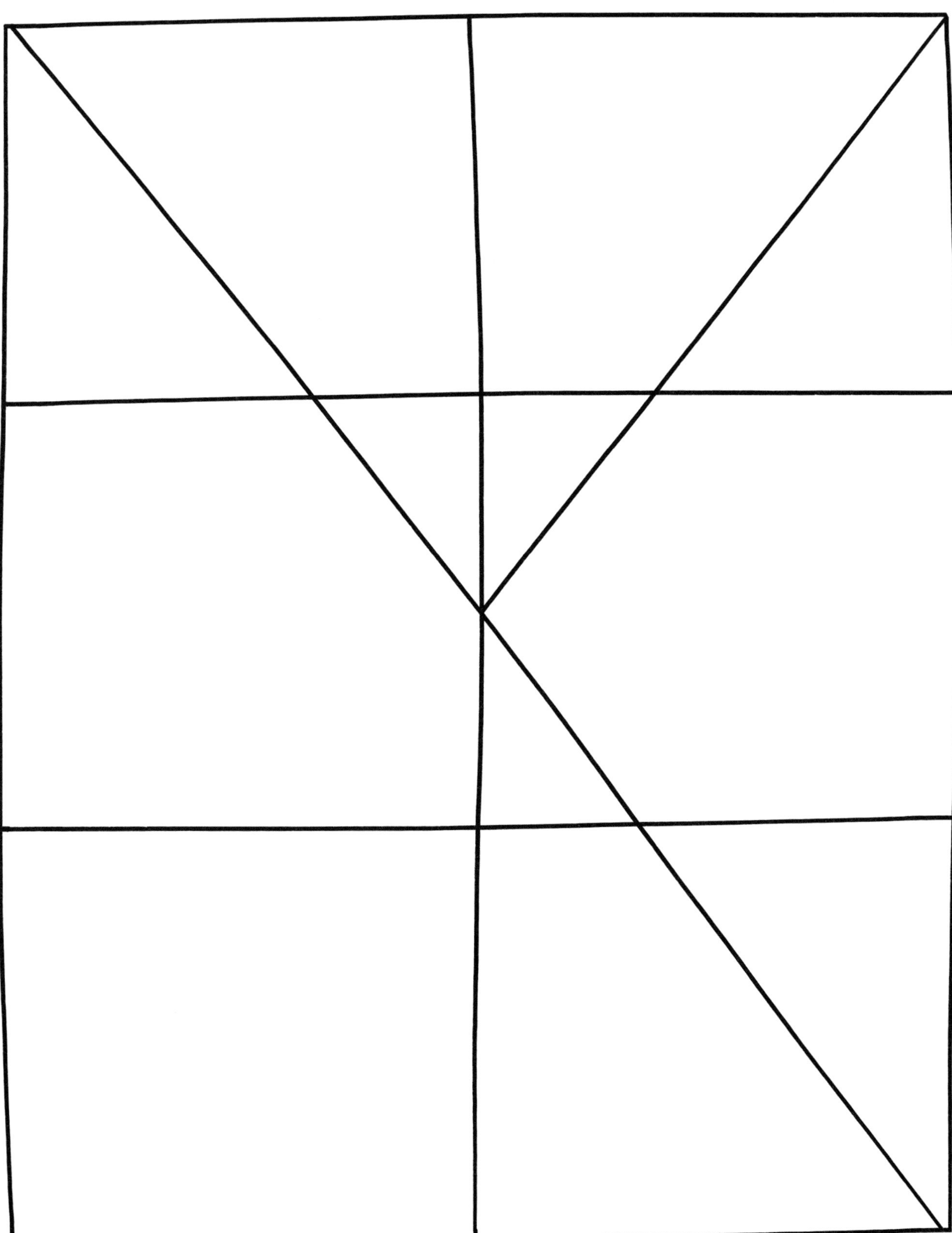

Aufgabenformat Nr. 38

B

A

Wie viele Wege führen von A nach B?

Koch / Wagner · Kopfrechnen · 1.–4. Klasse · Illustration: Franziska Wittwer (Kopf- und Fußzeile), Liliane Oser

KV Mal-Plus-Häuser – 2. Klasse

Aufgabenformat Nr. 39

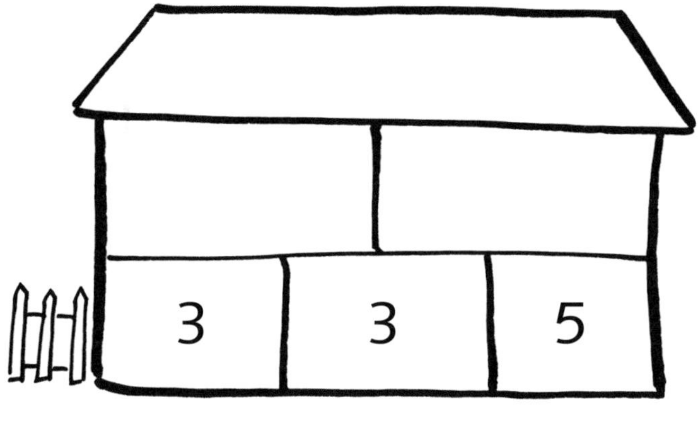

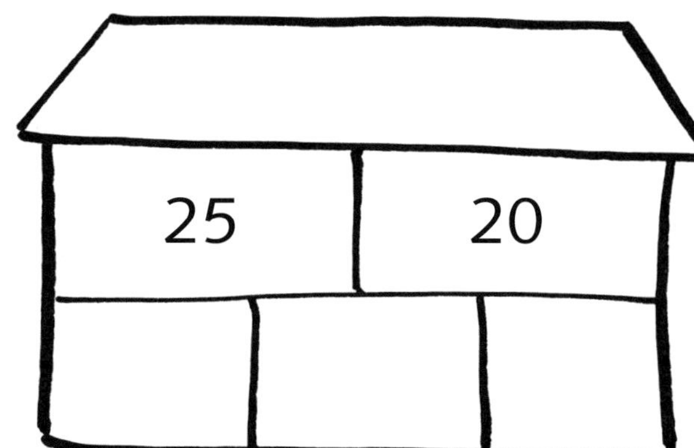

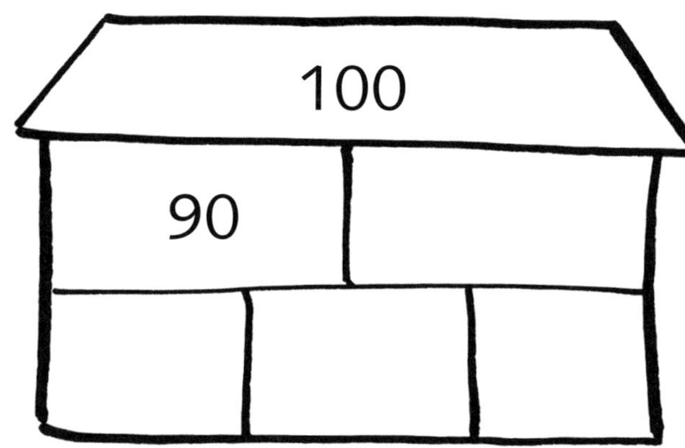

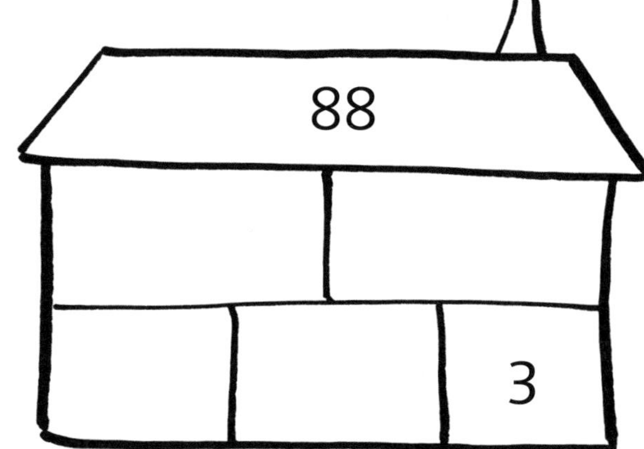

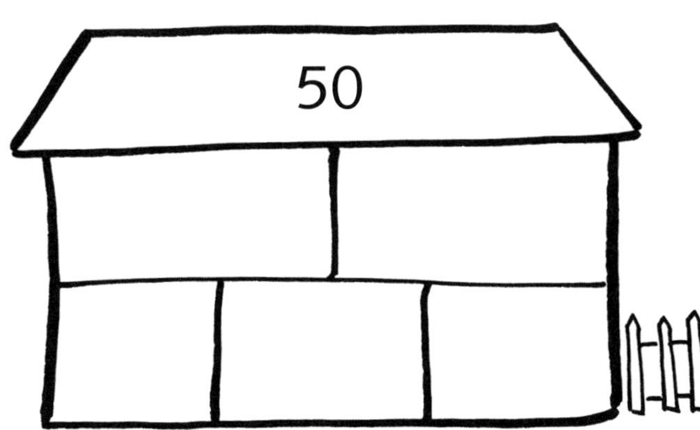

Für dieses Haus gibt es mehrere Lösungen! Wer findet die meisten Lösungen?

Koch / Wagner · Kopfrechnen · 1.–4. Klasse · Illustration: Franziska Wittwer (Kopf- und Fußzeile), Liliane Oser

Aufgabenformat Nr. 39

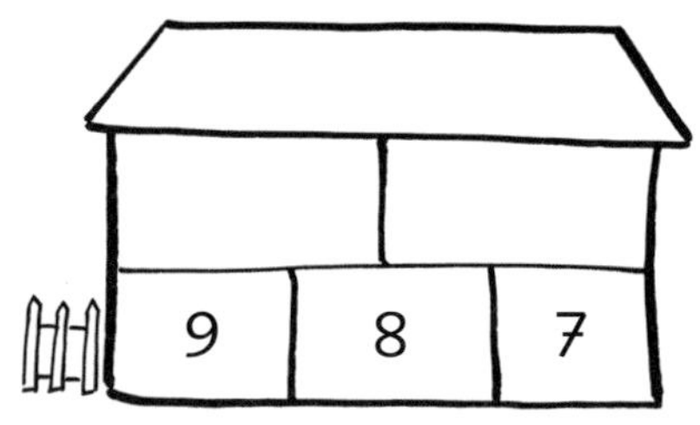

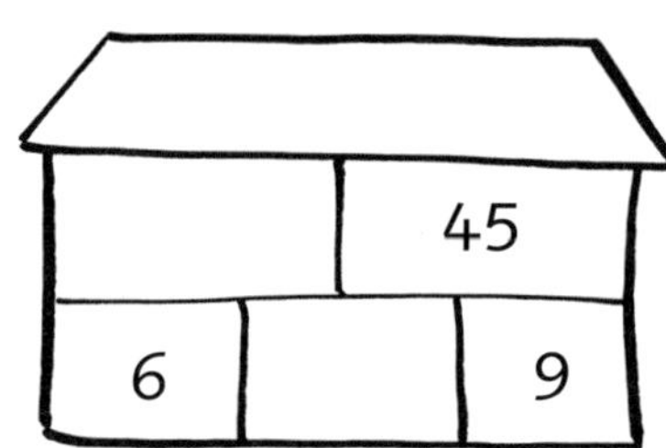

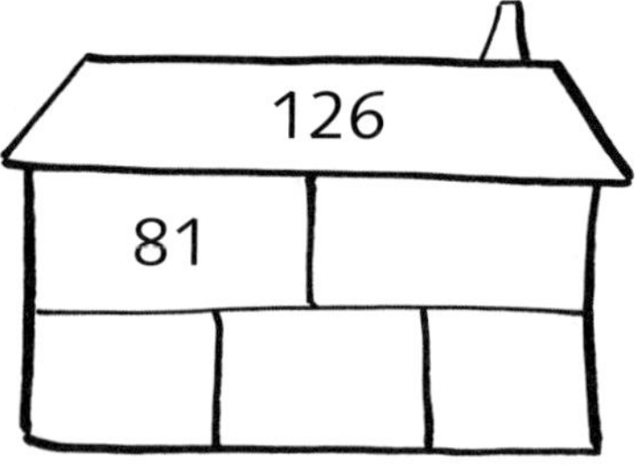

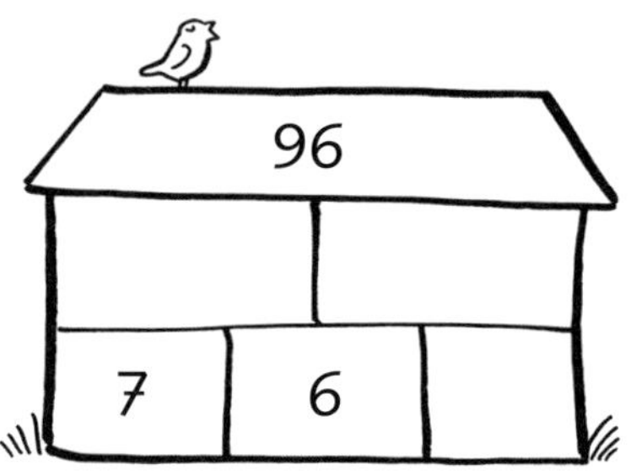

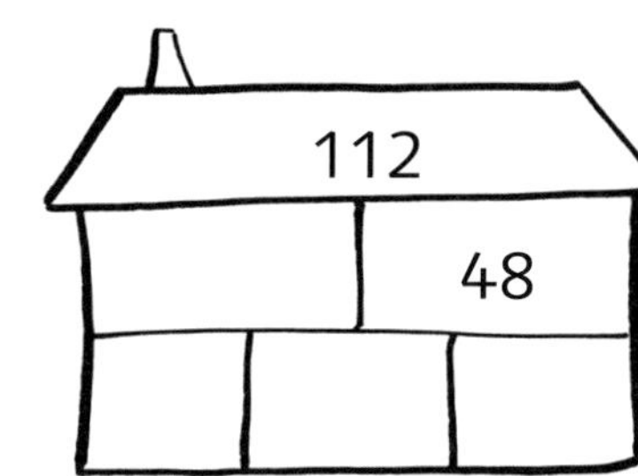

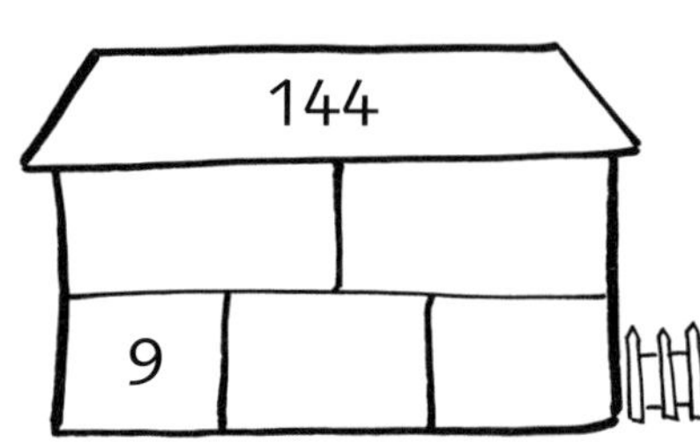

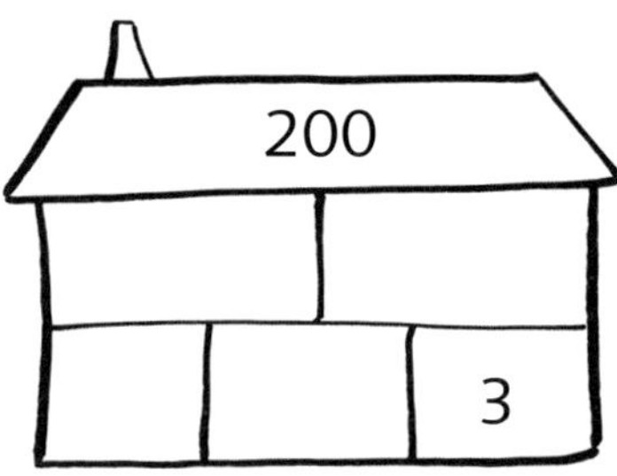

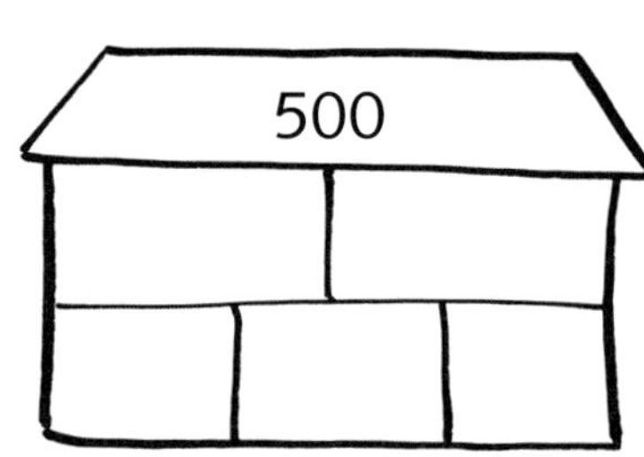

Für die unteren drei Mal-Plus-Häuser gibt es mehrere Lösungen!
Wer findet die meisten Lösungen?

Was fällt dir bei den Lösungen im letzten Mal-Plus-Haus auf?

____

____

Koch / Wagner · Kopfrechnen · 1.–4. Klasse · Illustration: Franziska Wittwer (Kopf- und Fußzeile), Liliane Oser

Aufgabenformat Nr. 39

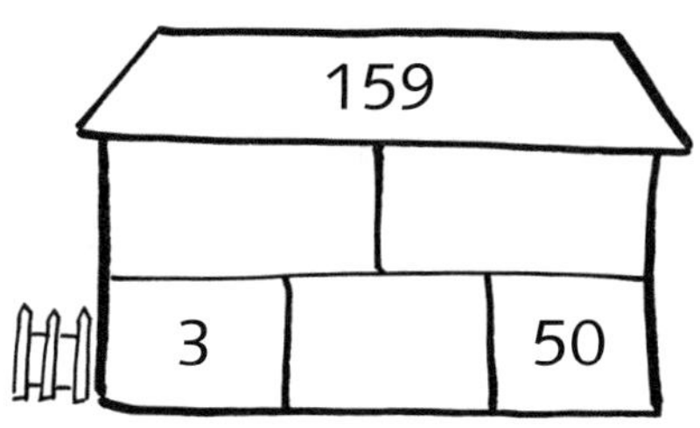

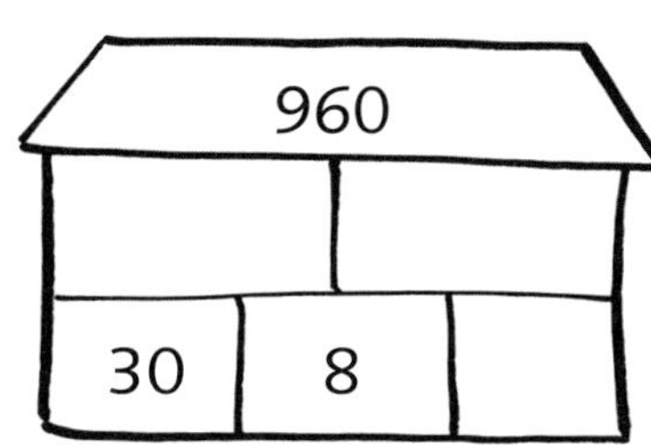

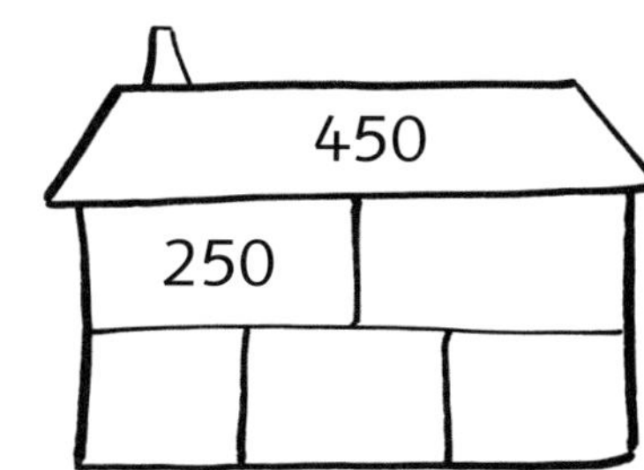

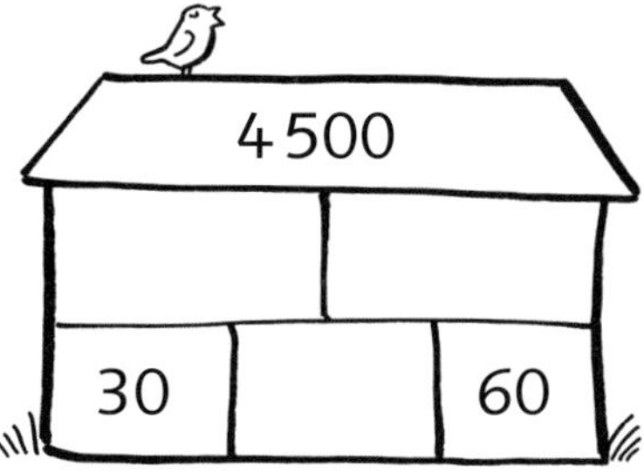

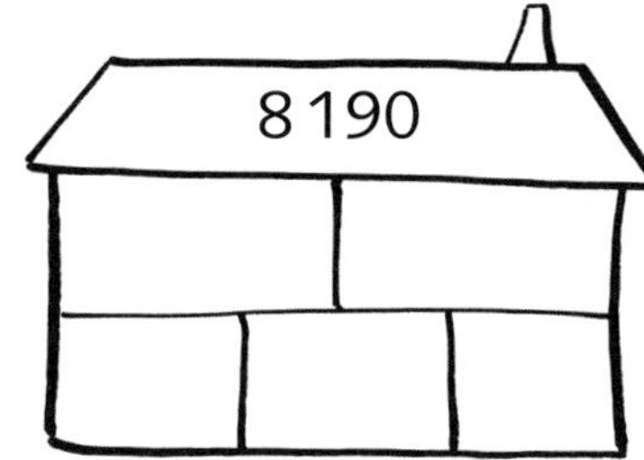

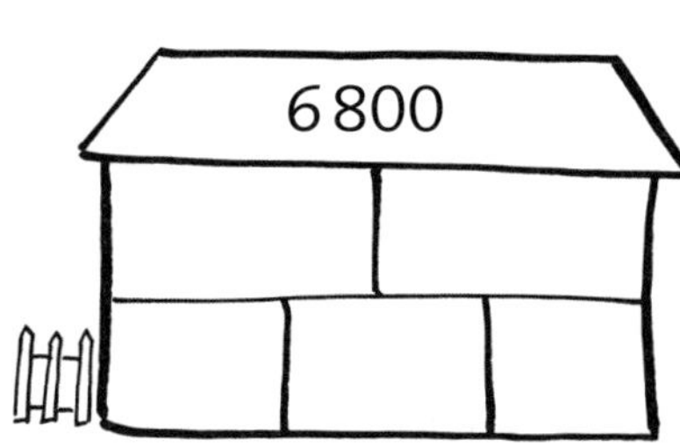

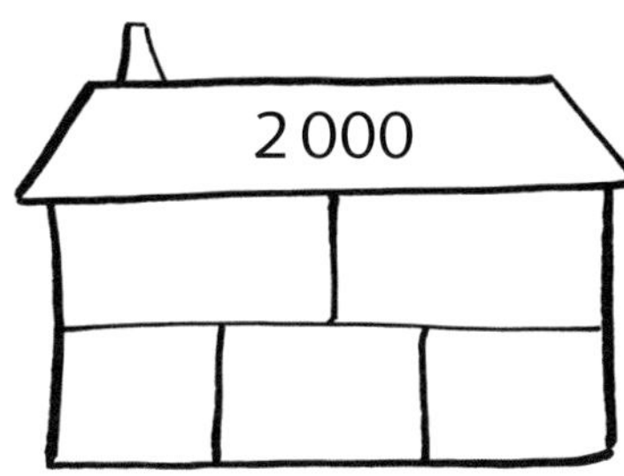

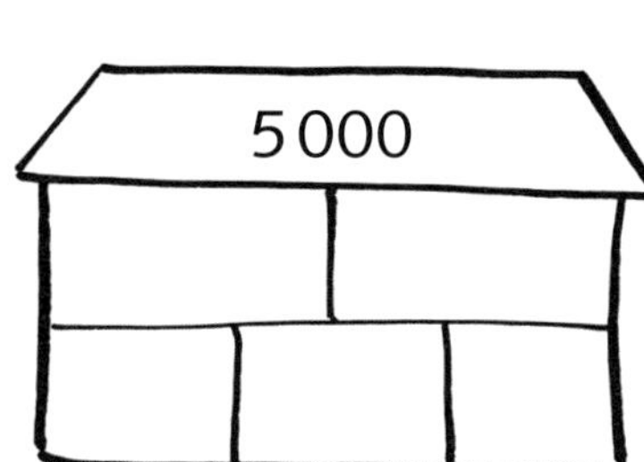

Für die Mal-Plus-Häuser in der untersten Reihe gibt es mehrere Lösungen!
Wer findet die meisten Lösungen?

Koch / Wagner · Kopfrechnen · 1.–4. Klasse · Illustration: Franziska Wittwer (Kopf- und Fußzeile), Liliane Oser

Aufgabenformat Nr. 40

* Addiere 7 mit 5. Wie heißt das Ergebnis?	* Subtrahiere 4 von 11. Wie heißt das Ergebnis?	* Die gedachte Zahl ist das Doppelte von 4. Wie heißt die Zahl?	* Die Hälfte der gedachten Zahl ist 5. Wie heißt sie?

** Addiere 8 und 7 mit der Zahl 4. Wie heißt das Ergebnis?	** In einem Stickeralbum sind 20 Sticker. Wie viele Sticker sind noch im Album, wenn man zuerst 5, später 7 herausnimmt?	** Zwei Zahlen ergeben zusammen 10. Die erste Zahl ist um 4 größer als die zweite Zahl. Wie heißen die beiden Zahlen?	** Die erste Zahl ist das Doppelte der zweiten Zahl. Zusammen ergeben die Zahlen 9. Wie heißen die beiden Zahlen?

*** In einer Tüte sind 20 Bonbons. Wie viele Bonbons sind noch in der Tüte, wenn du zuerst 7 und dann 6 Bonbons herausnimmst?	*** Subtrahiere zuerst 6, dann 4 und du erhältst 10. Wie heißt die Ausgangszahl?	*** Die erste Zahl ist das Doppelte der zweiten Zahl. Zusammen ergeben die Zahlen 9. Wie heißen die beiden Zahlen?	*** Drei Zahlen ergeben zusammen 10. Die dritte Zahl ist das Doppelte der zweiten Zahl. Die erste Zahl ist die 4. Wie heißen die zweite und die dritte Zahl?

Aufgabenformat Nr. 40

*	*	*	*
Drei Zehnerzahlen ergeben zusammen 100. Finde mit deinem Partner mindestens drei Beispiele.	Die Summe von drei Zahlen ist 90. Die erste Zahl ist 20. Finde mit deinem Partner mindestens drei Möglichkeiten für die zweite und dritte Zahl.	Die erste Zahl ist 30. Die zweite Zahl ist das Doppelte der ersten Zahl. Die Summe der drei Zahlen ist 100. Wie heißt die dritte Zahl?	Addiere die Quadratzahlen von 8 und 6. Welche Zahl erhältst du? Was fällt dir auf?

**	**	**	**
Drei Zahlen ergeben zusammen 100. Die erste Zahl ist eine Quadratzahl. Finde mit deinem Partner mindestens drei Beispiele für die zweite und dritte Zahl!	Wenn du von der Quadratzahl von 9 zwei Zahlen subtrahierst, erhältst du die Quadratzahl von 4. Finde mit deinem Partner mindestens drei Beispiele für die zweite und dritte Zahl.	Welche geraden Zahlen sind größer als das 8-fache von 5 und kleiner als die Hälfte der kleinsten dreistelligen Zahl?	Wenn du zu der gedachten Zahl die Quadratzahl von 7 addierst, erhältst du die größte zweistellige Zahl. Wie heißt die gedachte Zahl?

***	***	***	***
Verteile 92 Bonbons auf 3 Kinder.	Die Summe von 3 Zahlen ist 100. Die erste Zahl ist die Quadratzahl von 9. Die dritte Zahl ist 10. Welche Quadratzahl ist die zweite Zahl?	Welche ungeraden Zahlen sind größer als die Quadratzahl von 5 und kleiner als die Quadratzahl von 6?	Drei Zahlen ergeben zusammen die größte zweistellige Zahl. Die dritte Zahl ist die kleinste zweistellige Zahl. Die erste und zweite Zahl sind Quadratzahlen. Finde beide Ergebnisse!

Koch / Wagner · Kopfrechnen · 1.–4. Klasse · Illustration: Franziska Wittwer

Aufgabenformat Nr. 40

* Drei Zahlen ergeben zusammen 1 000. Die erste Zahl ist 100. Finde mit deinem Partner mindestens drei Möglichkeiten für die zweite und dritte Zahl!	* Die Summe von drei Zahlen ist 900. Die erste Zahl ist 200. Finde mit deinem Partner mindestens drei Möglichkeiten für die zweite und dritte Zahl!	* Die erste Zahl ist 300. Die zweite Zahl ist das Doppelte der ersten Zahl. Die Summe der drei Zahlen ist 1 000. Wie heißt die dritte Zahl?	* Meine erste Zahl ist das Produkt aus der Quadratzahl von 2 und 5. Meine drei Zahlen zusammen ergeben 800. Finde mit deinem Partner mindestens drei Möglichkeiten für die zweite und dritte Zahl.
** Drei Zahlen ergeben zusammen 850. Die erste Zahl ist 150. Finde mit deinem Partner mindestens drei Möglichkeiten für die zweite und dritte Zahl!	** Die Summe von drei Zahlen ist 790. Die erste Zahl ist 80. Finde mit deinem Partner mindestens drei Möglichkeiten für die zweite und dritte Zahl!	** Wenn ich zu meiner gedachten Zahl die Quadratzahl von 7 addiere, erhalte ich die größte dreistellige Zahl. Wie heißt meine gedachte Zahl?	** Meine erste Zahl ist das Produkt aus den Quadratzahlen von 2 und 5. Meine drei Zahlen zusammen ergeben 950. Finde mit deinem Partner mindestens drei Möglichkeiten für die zweite und dritte Zahl!
*** Bilde aus den Ziffern 5, 9 und 7 alle möglichen dreistelligen Zahlen. Jede Ziffer darf nur einmal verwendet werden. Wie viele Möglichkeiten gibt es? Was fällt dir bei deiner gefundenen größten dreistelligen Zahl auf?	*** Bilde mit den Ziffern 6, 4 und 8 drei verschiedene Zahlen. Subtrahiere sie nun von der kleinsten vierstelligen Zahl. Was fällt dir bei den Ergebnissen auf?	*** Wenn du von der größten dreistelligen Zahl die größte dreistellige Zahl mit lauter verschiedenen ungeraden Ziffern subtrahierst, erhältst du die Hälfte meiner gedachten Zahl.	*** Wenn du 810 durch die Quadratzahl von 3 dividierst, erhältst du ein Ergebnis, das um 10 kleiner ist als meine gedachte Zahl.

Koch / Wagner · Kopfrechnen · 1.–4. Klasse · Illustration: Franziska Wittwer

Aufgabenformat Nr. 40

*	*	*	*
Drei Zahlen ergeben zusammen 100 000. Die erste Zahl ist 10 000. Finde mit deinem Partner mindestens drei Möglichkeiten für die zweite und dritte Zahl!	Die Summe von drei Zahlen ist 900 000. Die erste Zahl ist 20 000. Finde mit deinem Partner mindestens drei Möglichkeiten für die zweite und dritte Zahl!	Die erste Zahl ist 3000. Die zweite Zahl ist das Doppelte der ersten Zahl. Die Summe der drei Zahlen ist 10 000. Wie heißt die dritte Zahl?	Die Summe aus 34 123 und 5877 ist die Hälfte meiner gedachten Zahl. Wie heißt sie?

**	**	**	**
Drei Zahlen ergeben zusammen 85 000. Die erste Zahl ist 15 000. Finde mit deinem Partner mindestens drei Möglichkeiten für die zweite und dritte Zahl!	Die Summe von drei Zahlen ist 7900. Die erste Zahl ist 800. Finde mit deinem Partner mindestens drei Möglichkeiten für die zweite und dritte Zahl!	Wenn ich zu meiner gedachten Zahl die Quadratzahl von 7 addiere, erhalte ich die größte fünfstellige Zahl. Wie heißt meine gedachte Zahl?	Meine erste Zahl ist das Produkt aus den Quadratzahlen von 2 und 4. Meine drei Zahlen ergeben zusammen die größte dreistellige Zahl mit lauter verschiedenen, ungeraden Ziffern.

***	***	***	***
Drei Zahlen ergeben zusammen die kleinste vierstellige Zahl. Die erste Zahl ist das Produkt aus der Quadratzahl von 12 und der Zahl 5. Die zweite Zahl ist das Dreifache der dritten Zahl.	Bilde die Quadratzahlen der geraden Zahlen von 12 bis 20. Vergleiche die Ergebniszahlen miteinander. Was fällt dir auf?	Bilde mit den Ziffern 3, 4, 7, 2, 1 die Zahl, die am nächsten an 50 000 liegt. Wie groß ist die Differenz?	Bilde mit den Ziffern 4, 3, 8 und 5 die größtmögliche fünfstellige Zahl, wobei jede Ziffer mindestens einmal vorkommen muss.

Koch / Wagner · Kopfrechnen · 1.–4. Klasse · Illustration: Franziska Wittwer

KV Mein Kopfrechen-Wortspeicher in der 1. Klasse

addieren	Andere Begriffe sind: plus rechnen, dazuzählen, zusammenrechnen, hinzufügen, zusammenzählen. Das Rechenzeichen ist das Pluszeichen (+). Das Ergebnis einer Plusaufgabe (Addition) heißt Summe.
subtrahieren	Andere Begriffe sind: minus rechnen, abziehen, wegnehmen, vermindern. Den Unterschied kann ich mit einer Minusaufgabe (Subtraktion) lösen. Das Rechenzeichen ist das Minuszeichen (–). Das Ergebnis einer Minusaufgabe (Subtraktion) heißt Differenz.

Das musst du in der 1. Klasse wissen!

1. Die kleinste einstellige Zahl heißt 1.
2. Die größte einstellige Zahl heißt 9.
3. Die kleinste zweistellige Zahl heißt 10.
4. Die Hälfte der kleinsten zweistelligen Zahl heißt 5.
5. Das Doppelte der kleinsten zweistelligen Zahl heißt 20.

Kopfrechenbeispiele zur Sicherung des Wortspeichers in der 1. Klasse (differenziert):

1. Addiere zur kleinsten einstelligen Zahl die größte einstellige Zahl!
   (Tafelbild: ____ + ____ = ____)
2. Subtrahiere von 10 die Hälfte der kleinsten zweistelligen Zahl!
   (Tafelbild: 10 – ____ = ____)
3. Subtrahiere vom Doppelten der kleinsten zweistelligen Zahl die größte einstellige Zahl!
   (Tafelbild: ____ + ____ – ____ = ____)
4. Wenn du von meiner Zahl die kleinste einstellige Zahl subtrahierst, erhältst du 5.
   (Tafelbild: ____ – ____ = 5)
   Eselsbrücke: Ist die Stelle vorne leer, rechne ich von hinten her!
   (Tafelbild: ____ – ____ = 5

   5 + ____ = ____)

Lösungen:
1. 1 + 9 = 10
2. 10 – 5 = 5
3. 10 + 10 – 9 = 11
4. ____ – 1 = 5 (5 + 1 = 6)

Koch / Wagner · Kopfrechnen · 1.–4. Klasse · Illustration: Franziska Wittwer

addieren	Andere Begriffe sind: plus rechnen, dazuzählen, zusammenrechnen, hinzufügen, zusammenzählen. Das Rechenzeichen ist das Pluszeichen (+). Das Ergebnis einer Plusaufgabe (Addition) heißt Summe.
subtrahieren	Andere Begriffe sind: minus rechnen, abziehen, wegnehmen, vermindern. Den Unterschied kann ich mit einer Minusaufgabe (Subtraktion) lösen. Das Rechenzeichen ist das Minuszeichen (–). Das Ergebnis einer Minusaufgabe (Subtraktion) heißt Differenz.
multiplizieren	Andere Begriffe sind: malnehmen, malrechnen, vervielfachen, das Vielfache von … Das Rechenzeichen ist das Malzeichen (·). Das Ergebnis einer Malaufgabe (Multiplikation) heißt Produkt. Das Ergebnis der Kernaufgaben (z. B. 2 · 2, 3 · 3) heißt Quadratzahl (z. B. 4, 9).

Das musst du in der 2. Klasse wissen!

1. Die kleinste zweistellige Zahl heißt 10.
2. Die größte zweistellige Zahl heißt 99.
3. Die kleinste dreistellige Zahl heißt 100.
4. Die Hälfte der kleinsten dreistelligen Zahl heißt 50.

Kopfrechenbeispiele zur Sicherung des Wortspeichers in der 2. Klasse (differenziert):

1. Addiere zur Quadratzahl von 5 die Hälfte der kleinsten dreistelligen Zahl!
   (Tafelbild: ______ · ______ + ______ = ______
2. Subtrahiere von der kleinsten dreistelligen Zahl die Hälfte der kleinsten zweistelligen Zahl!
   (Tafelbild: ______ – ______ = ______)
3. Subtrahiere von der größten zweistelligen Zahl die größte einstellige Zahl!
   (Tafelbild: ______ – ______ = ______)
4. Multipliziere die größte einstellige Zahl mit der Häfte der kleinsten zweistelligen Zahl!
   (Tafelbild: ______ · ______ = ______)
5. Wenn du 5 mit der kleinsten zweistelligen Zahl malnimmst, erhältst du die Hälfte der kleinsten dreistelligen Zahl
   (Tafelbild: 5 · ______ = ______)

Lösungen:

1. 5 · 5 + 50 = 75
2. 100 – 5 = 95
3. 99 – 9 = 90
4. 9 · 5 = 45
5. 5 · 10 = 50

Koch / Wagner · Kopfrechnen · 1.–4. Klasse · Illustration: Franziska Wittwer

addieren	Andere Begriffe sind: plus rechnen, dazuzählen, zusammenrechnen, hinzufügen, zusammenzählen. Das Rechenzeichen ist das Pluszeichen (+). Das Ergebnis einer Plusaufgabe (Addition) heißt Summe.
subtrahieren	Andere Begriffe sind: minus rechnen, abziehen, wegnehmen, vermindern. Den Unterschied kann ich mit einer Minusaufgabe (Subtraktion) lösen. Das Rechenzeichen ist das Minuszeichen (–). Das Ergebnis einer Minusaufgabe (Subtraktion) heißt Differenz.
multiplizieren	Andere Begriffe sind: malnehmen, malrechnen, vervielfachen, das Vielfache von … Das Rechenzeichen ist das Malzeichen (·). Das Ergebnis einer Malaufgabe (Multiplikation) heißt Produkt. Das Ergebnis der Kernaufgaben (z. B. 2 · 2, 3 · 3) heißt Quadratzahl (z. B. 4, 9).
dividieren	Andere Begriffe sind: aufteilen, verteilen, geteilt durch …, der … Teil von … Das Rechenzeichen ist das Geteiltzeichen (:). Das Ergebnis einer Geteiltaufgabe (Division) heißt Quotient.

Das musst du in der 3. Klasse wissen!

1. Die kleinste dreistellige Zahl heißt 100.
2. Die größte dreistellige Zahl heißt 999.
3. Die kleinste vierstellige Zahl heißt 1 000.
4. Die Hälfte der kleinsten vierstelligen Zahl heißt 500.
5. Der vierte Teil der kleinsten vierstelligen Zahl heißt 250.
6. Der achte Teil der kleinsten vierstelligen Zahl heißt 125.

Kopfrechenbeispiele zur Sicherung des Wortspeichers in der 3. Klasse (differenziert):

1. Die kleinste dreistellige Zahl ist das Doppelte meiner gedachten Zahl. Wie heißt meine gedachte Zahl?
2. Meine Zahl liegt zwischen 60 und 70. Beide Ziffern sind gleich. Subtrahiere von dieser Zahl die Quadratzahl von 6.
3. Subtrahiere von der größten dreistelligen Zahl die Quadratzahl von 7. Um wie viel ist dein Ergebnis kleiner als die kleinste vierstellige Zahl?
4. Subtrahiere von der größten dreistelligen Zahl mit verschiedenen ungeraden Ziffern die größte dreistellige Zahl mit verschiedenen geraden Ziffern. Multipliziere dein Ergebnis mit der Quadratzahl von 3. Was fällt dir auf?
5. Dividiere die größte dreistellige Zahl durch die Quadratzahl von 3. Um wie viel ist dein Ergebnis größer als die kleinste dreistellige Zahl?

Lösungen:

1. 100 : 2 = 50
2. 66 – 36 = 30
3. 999 – (7 · 7) = ____< 1 000 (50)
4. 975 – 864 = 111; 111 · 9 = 999
5. 999 : 9 =_____ > 100 (11)

Koch / Wagner · Kopfrechnen · 1.–4. Klasse · Illustration: Franziska Wittwer

addieren	Andere Begriffe sind: plus rechnen, dazuzählen, zusammenrechnen, hinzufügen, zusammenzählen. Das Rechenzeichen ist das Pluszeichen (+). Das Ergebnis einer Plusaufgabe (Addition) heißt Summe.
subtrahieren	Andere Begriffe sind: minus rechnen, abziehen, wegnehmen, vermindern. Den Unterschied kann ich mit einer Minusaufgabe (Subtraktion) lösen. Das Rechenzeichen ist das Minuszeichen (–). Das Ergebnis einer Minusaufgabe (Subtraktion) heißt Differenz.
multiplizieren	Andere Begriffe sind malnehmen, malrechnen, vervielfachen, das Vielfache von … Das Rechenzeichen ist das Malzeichen (·). Das Ergebnis einer Malaufgabe (Multiplikation) heißt Produkt. Das Ergebnis der Kernaufgaben (z. B. 2 · 2, 3 · 3) heißt Quadratzahl (z. B. 4, 9).
dividieren	Andere Begriffe sind (auf-, ver)teilen, geteilt durch …, der … Teil von … Das Rechenzeichen ist das Geteiltzeichen (:). Das Ergebnis einer Geteiltaufgabe (Division) heißt Quotient.

Das musst du in der 4. Klasse wissen!

1. Die kleinste vierstellige Zahl heißt 1 000.
2. Die größte vierstellige Zahl heißt 9 999.
3. Die kleinste fünfstellige Zahl heißt 10 000.
4. Die größte fünftstellige Zahl heißt 99 999.
5. Die Hälfte der kleinsten fünfstelligen Zahl heißt 5 000.
6. Der vierte Teil der kleinsten fünfstelligen Zahl heißt 2 500.
7. Der achte Teil der kleinsten fünfstelligen Zahl heißt 1 250.
8. Die kleinste sechsstellige Zahl heißt 100 000.
9. Die größte sechsstellige Zahl heißt 999 999.

Kopfrechenbeispiele zur Sicherung des Wortspeichers in der 4. Klasse (differenziert):

1. Welche ungeraden Zahlen sind größer als die Quadratzahl von 5 und kleiner als das Siebenfache von 5?
2. Welche geraden Zahlen sind größer als das Achtfache von 5 und kleiner als die Hälfte der kleinsten dreistelligen Zahl?
3. Ich multipliziere meine gesuchte Zahl mit 4 und addiere dann das Neunfache von 8. Als Ergebnis erhalte ich die kleinste dreistellige Zahl. Wie heißt meine Zahl?
4. Addiere zum vierten Teil der kleinsten fünfstelligen Zahl die Hälfte der kleinsten fünfstelligen Zahl. Wie groß ist der Unterschied zur kleinsten fünfstelligen Zahl? Was fällt dir auf?
5. Subtrahiere vom neunten Teil der größten fünfstelligen Zahl die Hälfte der kleinsten fünfstelligen Zahl. Vergleiche dein Ergebnis mit dem dritten Teil der größten vierstelligen Zahl.
6. Dividiere die größte vierstellige Zahl durch die Quadratzahl von 3 und multipliziere das Ergebnis mit der Quadratzahl von 2. Vergleiche dein Ergebnis mit der Hälfte der kleinsten fünfstelligen Zahl.

Koch / Wagner · Kopfrechnen · 1.–4. Klasse · Illustration: Franziska Wittwer

7. Subtrahiere von der größten vierstelligen Zahl mit lauter verschiedenen ungeraden Ziffern die größte vierstellige Zahl mit lauter verschiedenen geraden Ziffern. Multipliziere dein Ergebnis mit der Quadratzahl von 3.
8. Subtrahiere von der größten fünfstelligen Zahl mit lauter verschiedenen ungeraden Ziffern die größte fünfstellige Zahl mit lauter verschiedenen geraden Ziffern. Multipliziere dein Ergebnis mit der Quadratzahl von 3. Notiere dein Ergebnis, ohne zu rechnen!

Lösungen:

1. 27, 29, 31 und 33
2. 42, 44, 46 und 48
3. ______ · 4 + (9 · 8) = 100 (7)
4. (10 000 : 4) + (10 000 : 2) = 2 500 + 5 000 = 7 500 ; 7 500 + ______ = 10 000 (2 500)
   Was fällt dir auf? ¼ + ¾ der kleinsten fünfstelligen Zahl
5. (99 999 : 9) – (10 000 : 2) = 11 111 – 5 000 = 6 111;
   Vergleich: 9 999 : 3 = 3 333; 6 111 – 3 333 = 2 778
6. (9 999 : 9) · (2 · 2) = 4 444; 10 000 : 2 = 5 000; 5 000 – 4 444 = 556
7. 9 753 – 8 642 = 1 111; 1 111 · 9 = 9 999
8. 99 999 (gleiches Prinzip, eine Stelle mehr: 1 + 0)

Koch / Wagner · Kopfrechnen · 1.–4. Klasse · Illustration: Franziska Wittwer